比较公民教育视域下的
参与式公益研究

Research on Participatory Common Good from the
Perspective of Comparative Civic Education

于希勇 著

浙江工商大学出版社 | 杭州
ZHEJIANG GONGSHANG UNIVERSITY PRESS

图书在版编目(CIP)数据

比较公民教育视域下的参与式公益研究 / 于希勇著. —杭州：浙江工商大学出版社，2019.5
ISBN 978-7-5178-3154-9

Ⅰ.①比… Ⅱ.①于 Ⅲ.①公民教育—社会公德教育—关系—慈善事业—研究—中国 Ⅳ.①D648.3 ②D632.1

中国版本图书馆 CIP 数据核字(2019)第029785号

比较公民教育视域下的参与式公益研究
BIJIAO GONGMIN JIAOYU SHIYUXIA DE CANYUSHI GONGYIYANJIU
于希勇 著

责任编辑	唐慧慧　谭娟娟
封面设计	林朦朦
责任印制	包建辉
出版发行	浙江工商大学出版社
	（杭州市教工路198号　邮政编码310012）
	（E-mail:zjgsupress@163.com）
	（网址:http://www.zjgsupress.com）
	电话:0571-89995993,89991806(传真)
排　　版	杭州朝曦图文设计有限公司
印　　刷	虎彩印艺股份有限公司
开　　本	710mm×1000mm　1/16
印　　张	12.5
字　　数	184千
版印次	2019年5月第1版　2019年5月第1次印刷
书　　号	ISBN 978-7-5178-3154-9
定　　价	42.00元

本著作是教育部人文社会科学研究青年基金项目"比较公民教育视域下的参与式公益研究"（16YJC710048）资助成果

浙江工商大学马克思主义学院资助出版

前　言
参与式公益研究的比较公民教育视域

在中国特色社会主义新时代,我国社会主要矛盾是人民日益增长的美好生活需要和不平衡不充分的发展之间的矛盾。经过改革开放多年的发展,中国特色社会主义建设取得重大成就。同时,人民美好生活需要日益广泛,不仅对物质文化生活提出了更高要求,而且在民主、法治、公平、正义、安全、环境等方面的要求日益增长。"尊重人民群众的首创精神,最大限度地激发人们的创造热情,我们的工作就能获得最广泛的支持,就有强大的生命力。建设中国特色社会主义的伟大实践,从根本上说就是广大人民群众自己的实践。"①在此意义上,坚持"以人民为中心"的发展思想,调动人民群众包括社会主义建设者和接班人的参与积极性,有助于更好地满足人民在经济、政治、文化、社会、生态等方面日益增长的需要,不断促进人的全面发展、全体人民共同富裕。在此新时代背景下,教育年轻一代学会参与公益成为重要的时代课题——

---

① 中共中央宣传部:《习近平新时代中国特色社会主义思想三十讲》,学习出版社2018年版,第89页。

一、学会参与公益:新时代的教育呼唤

公益慈善是衡量一个国家和地区文明进步的重要标志,也是弘扬中华民族传统美德的重要体现。

习近平总书记一直高度重视公益慈善事业。早在2002年他在福建工作时就指出,要在加强公民道德建设的同时,弘扬优良传统美德,通过广泛开展慈善活动,聚集广大群众广泛参与,推进社会文明程度和道德水准的提高。在浙江担任省委书记期间,习近平强调,慈善事业是惠及社会大众的事业,是社会文明的重要标志,是一种具有广泛群众性的道德实践,慈善事业在促进社会和谐中的作用日益显现:"慈善事业是一项全民的事业,必须充分激发全民的爱心、调动全社会的热情,使全社会共同关心、支持和参与慈善事业。"①

中国特色社会主义新时代,要不断满足人民在互帮互助、参与民主法治、构建公平正义发展环境、共享发展成果等方面日益增长的需要。而如何实现有序、良序参与,将公民参与慈善引向公益向度,是理论界需要回应的重要问题。

《国家中长期教育改革和发展规划纲要(2010—2020年)》明确指出,"把育人为本作为教育工作的根本要求……要以学生为主体,以教师为主导,充分发挥学生的主动性,把促进学生健康成长作为学校一切工作的出发点和落脚点"。教育是面向未来的事业,民族复兴需要具备公益精神的公民。培育能够积极参与公益的新时代公民,是教育界义不容辞的重要责任。

然而,调研发现,当下一些学校的道德教育仍局限于"爱的奉献",志愿服务缺乏参与性,公益项目缺乏互动性。

二、引导公民参与公益:世界性的教育课题

公民概念自始与公益联结在一起。在古希腊,公民是能够参与公共事

---

① 习近平:《齐心协力发展慈善事业 同心同德建设和谐社会》,中国共产党新闻网,2006年12月13日,http://cpc.people.com.cn/GB/64093/64102/64396/5164580.html。

务、实现城邦共同利益、体现公共精神、谋求公共福祉的自由民。

随着资本主义发展及对自由权利的强调，主张维护（公民彼此之间的）权利成为西方公民教育的基本特征。然而，此种公民教育陷于培养"消极公民"的困境。由是，当代西方出现了参与式公民教育的时代转型："20 世纪 80 年代以来，公民教育的发展出现了向共和主义的回归，形成了当代新共和主义和社群主义。新共和主义把共和主义和自由主义加以平衡，强调公民权利和责任的平衡，转变自由主义的消极公民观为参与公共生活的积极公民教育观。"①

通过对当代国外公民教育的研究发现，一些发达国家不仅重视权利教育，而且注重彼此尊重权利的教育，更注重如何共享利益（goods，益品，直译为"好的东西"）的公益教育。此种公益教育，是强调具有公共属性的公民教育——尽管不同国家有着公民教育特质的差异性。也可以说，如何引导公民参与公益是世界性的教育课题。下面是对一些代表性国家的描述。

美国公民教育接续欧洲共和主义传统，立足于多元社会的整合，注重培养能够面对复杂社会情境、积极参与社会改进的公民智能与公民技能。故此，参与式公益侧重不同社会群体的互动，并在帮助学生学会参与公益中养成公民资质。美国公民教育反映出政治意识形态的重构：从保守主义到新保守主义、从自由主义到新自由主义，其中存在不可避免的内在张力。

加拿大是由"众多社区组成的社区"。包括学生在内的多元主体及社会组织参与到社区建设中来，承担着教育、医疗、救助等多项社会公共服务工作。许多学校要求学生参与到社区建设中来，并规定一定的社会工作学习任务作为毕业的条件。加拿大公民教育面临的问题是作为多种文化并存的多民族移民社会，如何既在促进社会融合的同时，又保持文化的多样性。②然而，随着新自由主义的扩张，弱势群体的文化特质被抹平了。公民身份意

---

① 冯建军：《基于积极公民培养的参与式公民教育》，《中国教育学刊》2016 年第 2 期，第 80 页。

② 譬如，法国与英国两个殖民地不同的文化遗存、不同的语言及风俗、不同的宗教信仰。并且，与英法主流文化得到不同方式确认相对的是土著人群体（包括原称印第安人的"第一民族"、米提人和因纽特人等）的"沉默"。

味着丧失文化身份,公民资质意味着丧失文化特质。

英国公民教育倡导培养理智的公民,让公民通过积极参与政治生活养成对代议制政府的忠诚。从古希腊、古罗马到密尔(John Stuart Mill)的公民资格理论,为当代英国公民参与提供着理论渊源。积极的公民资格,不仅包括实现公民个体权利,也包括履行公民对他人和对社会的责任与义务;而公民的责任与义务,并不局限于国家法律规定,还包括积极的公民参与公益。21世纪以来,英国公民教育强调培养既能构建起全球范围内的社会正义又能批判反思全球化弊端的公民。然而,与之相伴随的是,"个体至上主义"(individualised)和"用户至上主义"(consumerist)消解着公民教育的"公益"价值——英国脱欧便是极端表达。

法国公民教育与社会变革一道律动。在20世纪60年代,由于政府的首要任务是经济与社会的现代化,作为独立学科的公民教育于1969年在小学被取消(代之以"启蒙课")。1985年,时任教育部长的舍韦内芒在小学和初中恢复了公民教育,其基本出发点是不同文化背景青年的社会融合,公民课程内容强调共和国的价值。20世纪90年代到21世纪初,经过持久的公民教育大讨论,法国各级公民教育体系逐渐完善。2005年法国议会通过的《学校未来的导向与纲要法》,要求学生要学会在社会中生活,并为未来公民生活做准备。学生应在法律框架下,学会尊重自己、尊重他人(礼貌、宽容、拒绝偏见与成见)、尊重性别、尊重私人生活、具有和平解决冲突的意愿、具有无他人即虚无的意识、具有团结合作的意识、具有权利与义务的意识、具有参与公民活动的意愿。[①]

德国公民科(有些州也称之为社会科)的基本使命,在于培养学生乐意接受、认识和理解自由民主基本秩序内的权利与价值,尤其是尊重人的尊严与权利,强调宽容、谅解与和平教育,培养对个人的自由与责任的等。德国的公民教育是全方位的——从教育形式上看,贯穿于学前教育、小学教育、中学教育到大学教育的学校教育始终,也存在于家庭、企业与政府组织之

---

① 王晓辉:《为了社会和谐:法国教育的若干政策取向》,《比较教育研究》2008年第4期,第64—67页。

中;从教育内容上来看,包括政治教育、道德教育、人文教育、环保教育、性格养成教育等各个方面,涉及政治、经济、文化、社会、生态等各个领域。德国公民教育的宗旨,是将年轻人培育成为对自己的行为负责、有社会责任感并有能力行使个人权利与承担义务的成熟公民。[①]

在西班牙21世纪以来的教育改革中,强调所有层级的公民素质教育,倡导公民参与民主社会活动,在多元社会里互相合作、实践民主公民权利。同时,培养学生批判与负责任的态度与能力,使其参与创造更加美好的社会。公民素养教育改革是西班牙教育改革的重要组成部分,也折射出政治思想领域的斗争:从右翼自由派到左翼社会主义再到保守派的权力之争。一些学者认为,公民素养教育应恢复在教育体制层面的中立性,这就同时需要民主化的学校治理。从而在家庭、学校、社区、社群以及社会之间形成合力,相互包容。同时,使社会组织与文化组织之间、经济团体与公民团体之间协调一致。

再次登场的俄罗斯公民教育,与苏联时期整齐划一的德育体系完全不同。其体现出强烈的文化兼容性,并融合了传统德育与新时期社会发展的价值诉求,从而呈现出富有特色的多重向度:鲜明地体现出国家历史的同脉性、民族传统的继承性和东西方文化的兼容性。除依托课堂教学的"纵向公民教育课堂模式"之外,俄罗斯公民教育还特别关注学生解决社会实际问题的能力。经过多年的实践和探索,俄罗斯各地区逐渐形成了具有俄罗斯本土特质的公民教育实践形式——社会方案设计类活动,如"我是俄罗斯公民"(全国性公民教育活动)、"公民"(萨马拉地区)、"公民论坛"(布良斯克地区)等。这些活动通过为学生营造参与讨论和解决社会问题的现实条件,帮助他们形成独立的公民立场,全面提高广大学生的公民素质和能力。[②]

日本公民教育在"二战"之后才逐渐走向成熟。第一次在社会科的教育目标中使用"公民"一词的是《昭和四十二年(1967)小学社会科学习指导要

---

① 孙梓毓:《德国的公民教育及对我国的启示》,《成功(教育)》2013年第4期,第8—9页。

② 雷蕾:《俄罗斯现代德育体系的三重向度》,《比较教育研究》2015年第5期,第1—6页。

领》。该"指导要领"将公民素质规定为："在社会生活中懂得珍惜和使用个人被赋予的权利并懂得相互尊重;认识到作为社区、社会及国家的一员应尽到各种义务及社会责任,能够在这些认识基础上做出正确判断并拥有进行实践的能力及意识。"日本与美国学校公民教育的课程载体都是"社会科"(social studies,或译为"社会课"),强调在开展"社会研究"过程中参与社会变革。日本公民教育形成独特景观:一方面公民教育的相关实践出现"实践—参与"倾向,而另一方面民族国家的作用却受到普遍重视。直到目前,公民概念仍与"皇民""国民"等概念并存或混用。从社会功能论角度看,自发性的志愿者活动无意识地参与了体制动员,这是不可否认的事实。而一些市民社会论者一味称赞志愿者的自发性,蒙蔽了上述特征。

在新加坡,品格与公民教育被作为一项社会系统工程,并综合运用多种教育资源。在西方文化的冲击下,新加坡政府坚持技术上依赖西方,精神上固守东方,公民教育卓有成效。早在20世纪90年代末,新加坡的"教育合作伙伴"(Parents,Teachers and Neigh-bourhood Resources in Synergy,简称PARTNERS)概念就已经掀起了多元主体参与潮流,其核心旨趣在于为学生创建一个更好的"整合"的学习环境。新加坡公民教育教科书体现出较为完备的"学校-家庭-社会"三位一体的教育网络。[①]新加坡中小学社会科大纲分别于2003年和2007年再度修订。修订的社会科课程要求学生:理解影响新加坡社会经济发展、政府管制及未来的问题;向其他国家学习,以建设和维持一个政治稳定、社会团结及经济发达的新加坡;培养终身及独立学习所需的思考和过程技能;拥有共同的使命感和国家认同感;培育公民对他人的同情感,及负责地、明智地参与多元种族、多元文化和多元宗教社会;培育有责任心且具国际视野的公民。[②]

在澳大利亚,随着《霍巴特宣言》《阿德莱德宣言》以及《墨尔本宣言》的颁布与实施,澳大利亚公民学与公民资格教育逐步步入正轨,并走上快速发

---

① 陈卓:《新加坡"品格与公民教育"中家庭教育环节的特点研究》,《比较教育研究》2016年第9期,第14—20页。

② Ministry of Education. *Combined humanities GCE Ordinary Level examination syllabuses*. Singapore:Ministry of Education,2008,pp. 3-4.

展和成熟的阶段,逐渐成为世界各国公民教育的典范。尤其是《墨尔本宣言》颁布以后,增加了公民责任方面的内容,并使得公民学内容的外延扩大,涵盖了多学科内容。政府和学校更注重教师能力和教学手段的提高,使得公民学与公民资格教育更能吸引学生。澳大利亚进行公民学与公民资格教育的一个突出特点是注重社会实践参与,即让学生参与到社区以及国家政治生活当中,在实践中体会作为"合格公民"的重要意义。譬如,学校鼓励学生多与家人一起探讨社会问题,议论社会政策,鼓励学生单独参加各种社会议题的辩论等。[①]

在当代新西兰,公民教育同经济一样发达。新西兰公民教育课程的发展经历了"殖民化时期""自由进步主义时期"和"新保守主义和新自由主义的矛盾调和时期"三个不同的阶段。新西兰通过"社会研究课程"和"健康体育综合课程"来实施公民教育,每门课程由模块和议题组成,课程实施注重过程、体验、实践和环境创设,课程评价强调多样化和整全性。教师的教学不是对学生的道德说教和政治训诫,而是以友好合作者的身份帮助学生在不同情境下积极思考、自主体验、合作探究,通过对模块的实践过程发展合格公民的基本素质。不同模块的教学均要求学生收集、分析和交流信息,反思过程与结果的关系,深入理解过程的本质。如社会组织模块要求学生就自己选择的议题与别人展开讨论,在解决问题的过程中体验到不同观点的碰撞与价值选择,以培养"积极公民"(active citizen)为终极诉求。[②]

总的来看,西方发达国家在参与式公益与公民教育方面处于较为成熟的水平。在某种意义上也可以说,致力于培养学生参与公益的公民教育发展程度,体现出国家发展水平和公民素养。

然而,由于西方制度属性的局限性所在,公民知识像商品一样被对待。狭隘而又至上的新自由主义公民教育话语,对时代公民教育话语进行着"经济人假设"层面的本体论构造。譬如,就连批判性思维方式,也演变成一种

---

① 赵诗:《〈墨尔本宣言〉以后澳大利亚公民学与公民资格教育研究》,博士学位论文,中国地质大学马克思主义学院,2016年,摘要。

② 陈效飞、傅敏:《"良好的公民是通过教育塑造的"——新西兰公民教育课程的历史发展及启示》,《外国教育研究》2013年第9期,第80—87页。

思维技巧训练活动,失去了其政治指向的内涵。因此,如何在利益集团掌控教学与研究主导权的背景下,开展一种"第三纪公民教育",即从公民学教育到公民资质教育,再到批判性公民教育,成为西方资本主义社会公民教育面临的时代课题。

三、比较公民教育:一种参与式公益的研究理路

真正的公益参与,应建立在制度完善与方法完备的契合基础之上。这就要求既要解决"培养什么人"的问题,也要解决"怎样培养人"的问题。

培养学会参与公益的公民,是参与,而非独白;是关爱,而非相互冷淡;是通过"实践"(praxis)而非"实物"(commodity)——即通过实践构造社会关系,而不是单纯的实物给予。在此意义上,公益教育需要启发学生直面复杂而深刻的"两难问题",而不仅仅是知识的灌输与政策的传递。从哲学的世界观与方法论层面而言,需要从本体论、主体性哲学拓宽到交互主体性哲学、阐释学视界;从伦理学思想方法与实践理性而言,需要实现功利论与义务论的融合,契约论与德性论之互补。

西方发达国家有比较成熟的公民教育经验,其中也有着较为先进的参与式公益教育理念与实践可资借鉴。批判地吸收其有益因子,有助于在比较借鉴中改进当下中国公益现状。正如有学者所言:"国际公民教育的遗产、教训和经验,既是中国现实变革借鉴的镜像,也将成为未来范型构建与选择的可能依据与动力。教育发展的终极价值,在于个体学会通过公共生活的参与,在共同体中自主地获致个体有尊严的生活方式。"①

本书将立足中国实际,侧重寻求西方发达国家公民教育与中国公益发展的对接点,以期对中国特色社会主义公益的进步与新时代中国公民教育有所裨益。

---

① 王晓飞:《比较公民教育:范型与变革》,广东教育出版社2015年版,第3页。

目 录
Content

第一章

导 论

本部分将厘清与参与式公益相关的基本概念,阐释比较公民教育视域下参与式公益研究之意义。并对国内外相关研究进行初步勾勒,进而明确研究理路与研究目标。

第一节　概念界定与研究意义

什么是公益?为什么不能将公益等同于慈善?为什么要强调"参与式"?为何要将参与式公益纳入公民教育视野并展开研究?廓清上述问题,需要厘清基本概念,明确研究意义。

一、概念界定

(一)公益的词源学考察

《辞源》中的公益概念界定为"公共之利益,相对于一个人之私利、私益而言"。这就将公益界定在与私利相对的公领域范畴。

在西方,公益的内涵较为宽广:可以指共同善、公共利益,也可以指共同利益、公共利益。在西方政治哲学、公共伦理等文献中,经常出现"common good""public good""common interest""public interest"等字眼,其中蕴含着公益思想。在英美学者看来,公益不是慈善(philanthropy),而是对社会问题的公民回应。譬如,美国印第安纳大学公益慈善研究中心将公益界定为:为了公共利益的志愿行动(Volunteer action for the public good)。

希腊文中表示"共同"和"公共"的词语是"κοινός",其名词化是"国家"(τό κοινόν)、"共同体"(κοινωνία);希腊文中表示"善(好)"的形容词是"άγαθόν",名词是"τό άγαθόν"。与中文"共同(共同的)"的含义相符的拉丁词是"communise(commune)",与"善(好)"相符的词是"bonus"(形容词)及"bonum"(名词);与"公益"相匹配的拉丁文表达为"bonum commune"。①

可见,不能像日常所说的那样,将公益简单地等同于慈善。故此,从学理层面来讲,必须廓清公益与慈善的关系,必须赋予公益新的时代内涵。参见表1-1。

表1-1 公益与慈善的关系

比较项	组织方式	行为方式	主要目标	德性要求
慈善	道德感化	奉献(捐助、帮扶)	保障弱势群体	慷慨、大方、友爱(突出道德德性)
公益	利益耦合	公民(团体)参与	实现共同利益	平等、公正、机智(突出实践理性)

(二)公益的概念比较

另外,在界定概念时,与其相对应的概念进行比较,能够更清晰地揭示出其内涵。因此,要建设中国特色社会主义公益,有必要将个人利益、集体利益、公共利益、国家利益及社会利益与公益进行比较。

---

① 王晓朝:《"共善"理念的跨文化探究》,《道德与文明》2012年第5期,第21页。

首先,公益姓"公"不姓"私",因此公益不是个人利益,更不是只求一己之私的个人私利。但是,即便是公共利益,在学术界仍是一个存在争议性的术语,因为公共利益的内容复杂且变化多端,难以寻求到一个恒定不变的概念来定义。因此,在法学上称"公共利益"为"不确定法律概念"。德国学者洛厚德(C. E. Leuthold)于1884年发表了《公共利益与行政法的公共诉讼》一文,主张公共利益是任何人但不必是全部人的利益。同一时代的另一德国学者纽曼(F-J. Neumann)1886年发表的《在公私法中关于税捐制度、公益征收之公益的区别》一文中对于"公共性"的理解是其具有开放性,任何人都可以接近,不封闭也不专为某个人所保留;他还提出公共利益受益人的不确定性,即公共利益是一个不确定多数人的利益,这个不确定的多数受益人符合公共的意义。此外,在法国、日本、意大利等大陆法系国家以及中国澳门和中国台湾地区的民法典中,公序良俗也是一种公共利益,也就是公共秩序和善良风俗符合国家一般利益、社会道德秩序以及利益冲突得到协调、弱者得到保护、社会正义得到维护等公共利益的要求;并且,《中华人民共和国民法通则》第七条、《中华人民共和国合同法》第七条和《中华人民共和国物权法》第七条中关于社会公德、社会公共利益和社会经济秩序的规定,表明中国大陆法律界和法学界也承认公序良俗原则符合公共利益要求。显然,公共利益会因语境不同而有不同的含义。

其次,公益是群体利益,而非狭义的集体利益。如果将"群体"与"集体"进行严格界定的话,那么后者(例如学校、企事业单位等)组织得比较严密,而前者(例如社区、社团及各种临时机构等)组织则有时不那么严密。在当代中国,由于人口流动性日益增强,由于各种社会群体不断涌现,群体利益也日益凸显。因此仅仅强调集体利益是不够的,必须找到一种上位概念,这就是公益。

再次,公益既不是狭义的集体利益、公共利益,也不是国家利益所能涵盖的。集体利益一般是与个人利益相对应甚至相对立的概念,而公益是以对个人利益的承认为前提;公共利益的维护者一般来说是政府或政府组织,而公益的维护者虽然不排除政府机构,但有公民、非政府组织或民间组织的参与;国家是比集体更加严密的组织,并且有着鲜明的阶级性。实现国家利益一般有着法律法规的明确规定,而实现公益很多时候是靠"分外"的道德义务。

最后,公益的内涵比较接近于社会利益。因为社会不似国家那样有着较强的阶级性,也不似集体那样有着较强的组织性。但是,社会一般是指"大社会",而公益所指向的社会可"大"、可"中"、可"小"。

可见,公益承担着多种层面的伦理指向。有学者指出:"伦理是共同体的价值秩序,因此根据共同体的性质和结构,可以体现为国际层面的伦理、国家层面的伦理、组织层面的伦理、个体层面的伦理等不同层次。"①近些年来,党和国家在战略高度,强调了公益的重要性。例如,从政治高度,提出人民依法直接行使民主权利,管理基层公共事务和公益事业;从经济文化角度,提出发展公益文化产业;从创新角度,提出开展社会公益性技术研究;从教育角度,提出坚持教育公益性质;从医疗卫生角度,提出坚持公共医疗卫生的公益性质;等等。在其他领域,公益也成为流行语汇。在法学界,有"公益诉讼";在商界,有"公益广告";在民间,有"公益捐助";在网络世界,有"微公益";在教育界,有"公益教育";等等。因此,需要借鉴功利主义关于"公共利益""公共幸福""共同准则""普遍仁爱"等理论要素。

当前,中国公益行动则需要政治话语(确立共同规则)、慈善捐助(倡导普遍仁爱)与志愿行动(实现公共幸福)形成呼应。在此基础上,达成国家制度、市场运作与民间体制三个层面的"交叠共识",从而实现公信力、影响力以及幸福感的统一。因此,公益行动很大程度上有赖于系统化的"公益观念体系"。在此意义上,中国特色社会主义公益就是在现代化建设过程中,公民学会与政府相关部门协商、对话,学会与企业等资助和赞助机构合作、共赢,从而提升公益参与者的内在幸福感,为结成社会主义事业共同体贡献力量。②

---

① 张彦:《公益伦理与价值排序——评〈当代中国公益伦理〉》,《道德与文明》2010年第6期,第159页。
② 于希勇:《在公共幸福中实现公益———西方功利主义思想借鉴及超越》,《理论界》2012年第2期,第143—145页。

(三)参与式:公益的内在属性与时代特质

依照上面对公益的阐释,参与式公益不仅形成了个人权利与义务的实践场域,亦形成一种独特的公共空间。在此空间内,公民们参与政治性、公共性活动,担当着监督者和促进者之角色。同理,参与式公益营造着公共空间。在此空间中,公民们学会相互尊重、形成群体认同、习得交往技能,进而养成公民资质。

从社会多元利益整合以及现代治理理念来看,参与成为公益的概念要素,参与式公益与服从式公益及志愿式公益也有着明显的区别。参与式公益的特质如表1-2所示:

表1-2 参与式公益的特质

利益名称	组织方式	类型	行为方式	德性要求
集体利益	管制	服从式	指令、征用	无私、顺从……
群体利益	感召	志愿式	捐助、慈善	慷慨、友爱……
共同利益	治理	参与式	合作、协商	公正、机智……

参与不等于参加,参与的实质是赋权。即在决策过程中,通过制度安排,使将会受到该决策影响的人群(尤其是边缘群体和弱势群体),能够有效地参加到决策过程中来,从而使得利益相关者即不同参与主体能够有权影响社会事务。参与式公益的方式有"决策性参与",即参与公共政策的制定;也有"功能性参与",即参与公共政策的执行。无论何种方式,参与式公益有协商、有服务,体现公民实践过程中的主客体统一。

(四)公民教育的界定

有学者在分析中外教育学者关于公民教育的论著时,指出公民教育有如下含义:(1)公民教育有广义、狭义之分,广义的公民教育包括道德伦理,社会、经济、政治生活;狭义的公民教育只强调政治上的权利与义务。(2)公民教育是使公民有理解能力并能为社会提供有效服务,学校要教导学生了解和相信民主。(3)公民教育的目的是提供青少年必需的知识、价值和技能，使他们有效地发挥其责任感，具有成年公民应有的功能。(4)公民教育包括三方面：第一，培育主动而负责的国民的政治教育；第二，养成健全人格的伦理道德教育；第三，继承文化传统的民族精神教育。(5)公民教育就是培养健全的公民，包括政治、经济、社会、法律、伦理、道德各方面。(6)公民教育包括开会的方法、选举的制度和方法、政府的组织和职能、法律常识和守法精神以及做好公民所需的技能、态度和作风。(7)公民教育指培养公民品德、技能和态度的教育活动。(8)公民教育广义指个人的社会化，包括职业、婚姻、政治等方面的社会化。(9)公民教育广义指政治社会化，狭义指学校的公民课。(10)公民教育就是教育人们使其成为健全公民的教育，其宗旨是教人修己善群、做人做事的道理，培养人们在社会生活中的知识、技能、习惯、态度与作风，发挥人们的潜在能力，使其发展健全人格，以为国家服务。[①]

概括地讲，公民教育有广义、狭义之分。广义公民教育，指的是国家培养公民具有忠诚国家的意识，使其获得有效参与公民生活所必备的知识、态度和技能，并发挥其责任心与荣誉感，从而使其取得符合国家发展需要的公民资格；狭义公民教育，指的是各级正规学校教育中通过公民课程，培养符合主流价值观的学生公民的教育。

二、研究意义

(一)学术价值：有助于树立正确的公益观

长期以来，我们往往将公益理解为慈善，理解为捐助、捐款、奉献爱心等活动。但是，公益不同于慈善。参与公益不是简单的"利他行为"，而是需要超越"利己—利他"的两极对立思维；促进公益不仅是捐助、救助、给予，而且还是共建、共享、参与；实现公益不仅是"正能量"的传递，更是"正能量"的累积与人生命运的勾连。本项研究有助于在学理上辨明慈善与公益理念之不同，有助于从传统慈善式公益观到现代参与式公益观的时代转型。

---

① 蓝顺德：《公民教育的内涵》，复文图书出版社1986年版，第35—38页。

(二)时代价值:有助于推进国家治理体系和治理能力现代化

党的十八大以来的新的历史时期,以习近平为总书记的党中央积极推进国家治理体系与治理能力现代化,多次阐释秉持共同参与、责任共担、利益共享的治理理念。《习近平谈治国理政》指出:"要发挥国家治理体系和治理能力的独特优势,把党和国家机关、企事业单位、人民团体、社会组织等的工作能力都提高起来。"《中共中央关于制定国民经济和社会发展第十三个五年规划的建议》指出:"支持慈善事业发展,广泛动员社会力量开展社会救济和社会互助、志愿服务活动。……完善党委领导、政府主导、社会协同、公众参与、法治保障的社会治理体制,推进社会治理精细化,构建全民共建共享的社会治理格局。"在深层意义上,现代公益是民主政治与公民权利的生命力保障。研究如何引导学校公民参与公益,有助于学生主体参与推进国家治理体系和治理能力现代化,共圆中国梦。

(三)教育价值:有助于在比较借鉴中改进当下公益教育现状

《国家中长期教育改革和发展规划纲要(2010—2020年)》明确指出,"把育人为本作为教育工作的根本要求……要以学生为主体,以教师为主导,充分发挥学生的主动性,把促进学生健康成长作为学校一切工作的出发点和落脚点"。学会参与公益有助于发挥学生的主体性、主动性。然而,由于重政治教育轻公民教育的传统影响,当下一些学校的公益教育仍局限于"爱的奉献",志愿服务缺乏参与性,公益项目缺乏互动性。美国等西方发达国家有比较成熟的公民教育经验,其中也有较为先进的参与式公益教育理念与实践可资借鉴。本课题研究将批判地吸收其有益因子,从而有助于在比较借鉴中改进当下公益教育现状。

第二节 国内外相关文献综述

参与式是社会治理领域与教学领域的"热词"。在社会治理领域,参与式与管控式对照,往往指在协商民主广泛多层制度化的背景下,加强民主管理、民主监督、协商议事等;在教学领域,参与式与灌输式相对,往往指在"以学生为本"的教学理念指导下,采用对话的教学方式,发挥学生的主体性,师生一道建构教学意义。相形之下,公益领域的参与式概念并不多见,公民教育视域下的参与式公益概念尚未明确提出。

一、关于公益的界定

(一)公益有着不同于慈善的特定含义

中国较早的"公益"用例见于鲁迅的文章。譬如,鲁迅的杂文《准风月谈·外国也有》中说:"只有外国人说我们不问公益,只知自利,爱金钱,却还是没法辩解。"洪深编译的话剧本《少奶奶的扇子》第一幕:"王太太有两位姓张的内侄女,很热心公益,在霞飞路一个什么妇女改良会尽义务。"

不过,"公益"的概念,是在21世纪以来才广泛进入社会公众的视野,并逐渐为人们所认识、熟悉和参与。2008年"5·12"汶川大地震后包括港澳台和海外侨胞在内的全体中华儿女所展示的公益慈善行动,北京奥运会期间大量志愿者的义工服务,以及2011年"郭美美事件"引爆的中国红十字会公信力危机,使得公众对"公益"获得了一定程度的认知。但是,中国理论界和实践界关于"公益"的准确定义并不统一,概念内涵有混杂之处,主要表现为公领域的"公共利益"和私领域的"慈善公益"两种不同的理解。

近年来,国内学者对日常话语中的公益与慈善进行的澄清,从学理上辨明了二者之不同:公益涵容但不能等同于慈善,公益亦非简单地与人为善、助人为乐,而是蕴含着公民参与的理念。冯建军指出,"公"是共同体的属性,公益不是"你-我-他"利益的简单相加,而是作为共同体的利益或属性而存在。在此意义上,"公益不是个人利益的聚合,而是表征为公共性的公民美德。拥有公民美德的人是积极参与公共生活的人,是致力于共同体公共福祉的公民"。[①]也有学者指出,我国正处于从传统社会向现代社会的转型

---

①冯建军:《西方公民教育思想的论争与弥合》,《教育科学研究》2013年第9期,第6页。

期,这导致中国传统慈善与现代公益共存和冲突的现象。因此,要发展现代公益事业,就要积极推动传统慈善向现代公益的转换,具体包括:推动传统慈善观念向现代公益理念的转换;积极培育和扶持现代公益组织,加快现代公益组织建设;建立和完善传统慈善向现代公益转型的制度支持。①

从学理层面来讲,必须廓清公益与慈善的关系,必须赋予公益新的时代内涵。在公民权利意识日益凸显的当代中国,必须将公益与公民相勾连。马克思在《论犹太人问题》中指出,公民即"公人",是参与社会政治共同体即参与国家公共事务的人,是"政治人",他们参与国家事物的政治权利即公权力。亚里士多德认为,公民的本质或"全称的公民",是"凡得参加司法事务和治权机构的人",或"凡有权参加议事和审判职能的人"。基于上述理解,在本书中,将以比较公民教育为视角,将参与公益界定为公民通过参与特定共同体行使公民权利、通过行使公民权利履行公民义务的社会行为。

从国外相关基础研究来看,公益是跨越自由主义者与社群主义者的语脉勾连。在现当代西方学界,无论是自由主义者(如罗尔斯),还是社群主义者(如麦金太尔),都将公益作为重要概念范畴,将公民参与作为理论指向。从发达国家公益实践层面来看,综合对美国捐赠体制、德国政企合作、英国日常化的公民志愿活动以及法国的"大食堂"项目等的研究发现,现代公益观内蕴含参与理念:公益意味着公民与政府一道,在差异中寻求权利与义务的平衡。

(二)公益的学理内涵及西方公益观批判

西方现代公益的发展,离不开哈贝马斯所指称的公共领域结构转型理论。哈贝马斯曾经尖锐地指出,资本主义社会的公众从"文化批判"到"文化消费":公共领域作为政治和经济影响的媒介,其作用发挥越大,它的政治功能就越弱,从而就被伪私人化了。他在《公共领域的结构转型——论资产阶级社会的类型》一书中,通过对资本主义发展史的描述指出,国家和社会的

①玉苗:《从传统慈善到现代公益》,《广西社会主义学院学报》2014年第8期,第90—96页。

分离是一条基本路线，它同样也使公共领域和私人领域区别开来了。哈贝马斯认为，资产阶级正是借助公共领域这一利器才结束了封建专制统治，并实现了自身解放。然而，在经历了短暂的发展之后，公共领域的理性的光环却黯然退去，伴随着本身的转型而最终成为再次封建化的"伪公共牢笼"。

美国学者徐贲在《什么是好的公共生活》一书中，就美国的公益慈善事业，提出公益精神与公民美德的内在关联：作为公益行为的捐赠是一种经常性的行为，不是等到有了灾情才采取的应急措施。普通公民普遍参与公益，有助于从正面确立公益的社会意义和利他道德精神。公民越多参与公益，公益才能越加成为公众心目中真正的好事。公民参与公益可以让更多的人看到社会风气和公民行为的相互补充关系。人并不是一生下来就有现成不变的道德价值，人的道德价值是通过在人群关系中学习而逐渐形成的。这种人群关系包括家庭、交往者、学校、教会、职业联系、特定的社会等等。如果人群期待和鼓励人们捐赠，把捐赠当作人群成员应尽的责任，形成一种风气，那么即使不捐赠的人也会知道捐赠是一件有道德心的好事，也会知道没有利他的道德意向就不可能有可靠的捐赠制度。如果公众普遍有了这样的想法，公益也就会成为一种社会自助和互助的优良公民行为。

加拿大学者威尔·金里卡在《当代政治哲学》一书中，对共同体主义的公益观进行了介绍。罗尔斯式的自由主义者强调平等的偏好，并据此构建正义理论。但是，根本不能从一种公共的立场去评估偏好。如果说在自由主义的社会里，公益是按照个人的偏好模式和个人的善观念来进行调整的，那么在社群主义的社会里，公益是被想象成一种关于优良生活的实质观念，并由它来界定共同体的"生活方式"。这种公益不再取决于人们的偏好模式，相反，它为评价那些偏好提供了一个标准。共同体的生活方式是对善观念进行公共排序的基础，而个人偏好的分量则取决于偏好者在多大程度上吻合了这种共同利益或在多大程度上为这种共同利益做出了贡献。因此，对那些界定着共同体生活方式的共同目标进行的公共追求，并没有受到中立要求的约束。它优先于个人对资源和自由的要求，而这些资源和自由却是人们追求自己的善观念时所必需的。社群主义的国家能够并且应该鼓励人们采纳与共同体生活方式相吻合的那些善观念，而阻碍与之相冲突的善观念。因此,社群主义的国家是一种完善论国家,因为它需要对不同生活方式的价值进行公共排序。

然而,社群主义却按照吻合现存常规的程度来对不同的生活方式予以排序,而马克思主义的完善论按照对人类利益的某种超历史的解释来对生活方式予以排序。马克思和恩格斯在《德意志形态》中,曾对公益包含的内在矛盾做过深入分析。他们认为,"利己主义"和"利他主义"不过是一种统一利益的分裂形式。在"虚幻的共同体"中,作为"公共利益"代表的国家要求个人利益为国家利益做出牺牲,向人们灌输这种"利他主义"的道德原则并称之为"美德";作为追求个人利益的现实个人则强调人的"自私本性",要求实行"利己主义"道德原则,把个人利益的实现作为最高"美德"。正因如此,马克思主义既不拿"利己主义"来反对自我牺牲,也不拿自我牺牲来反对"利己主义",而是揭示个人利益与社会利益对立的物质根源,并通过建立共产主义新制度实现"真正的公益"。因此,在当下社会主义初级阶段,在个人利益和集体、社会利益的对立尚未完全消失的情况下,评价公益行动以及开展公益行动应摒弃片面"利他主义"思维方式,承认和尊重合法的、正当的个人权利。最为根本的,还是以广大人民根本利益为最大的、真正的公益,不断完善中国特色社会主义制度和体制。

总之,西方公益观无法超越私有制的局限性。托马斯·皮凯蒂在《21世纪资本论》中,开篇即引用法国《人权宣言》(1789)第一条:"人生来就是而且始终是自由的,在权利方面一律平等。社会差别只能建立在公益基础之上。"皮凯蒂认为,这是非常重要的限定,表明资本主义制度对真实存在的不平等的妥协。在《21世纪资本论》中,皮凯蒂对过去300年来欧美国家财富收入的丰富历史数据进行了详尽探究,结果证明:"二战"以来,各个国家内的不平等现象已经扩大,并且很快将变得更加严重;现在一个人财富的多寡不仅由劳动所得决定,更由继承的财富决定,因而出身要比后天的努力和才能更重要。由于现代经济增长和知识技能的扩散,当今社会并没有像马克思预言的那样出现极端不平等的现象。尽管如此,资本主义社会财富和收入不平等的深层结构并没有改变。

(三)公益与公共性的内生关系

英国剑桥大学教授雷蒙德·格斯通过对古罗马共和制的研究,总结出公益的特定内涵。他举例说,公益不是家养母牛数量的增加,而是可供所有公民使用的桥梁、庙宇等公共设施的改进。他进一步提出,健康关乎整个群体,故一组织之活力、一国家之实力明显属于公益。他指出公益在古代社会发挥的重要价值:正是因为在公益的熏陶和感召下,青年人才成长为良好公民或军人。[①]格斯认为,如果从自由主义的理论原点出发,则必须解决四个问题:第一,个人领地在何种领域、多大程度上避免"公共"的侵犯? 第二,上述"公共"含义如何界定? 它是仅仅包括政府,还是包括更广泛的社会机构以及公共舆论? 第三,为何要把个人领地从公共领域中分离出来? 第四,如何通过法律或经济手段守卫个人与公共的边界?[②]

格斯还对"公共善"(public goods)和"私人善"(private goods)进行了多重视角的阐述。第一,从具体事物来看,它们可指代相关物品。例如,一支好用的钢笔对于个人来说是"好的东西",政府兴资建造的桥梁对于公众来说是"好的事物"。第二,从抽象意义来说,它们可用来描述内心体验。例如,行走在井然有序的马路上所产生的安全感源于"公共善",与好友共度良宵所产生的愉悦感则来源于"私人善"。第三,从属性角度来讲,它们表达了两种不同概念。一种是主格,例如"公共持有的"(held by the public)这种表达,体现出"善"的被动态;一种是宾格,例如"为了公共的"(for the public),则体现出"善"的主动态。[③]

格斯将公共事务或公共事件(common concern)与公益进行了比较。所谓公共事务,是关系到群体中每个人的安全和幸福的所有事物或事情。他认为,即便没有公益,亦可以有公共事务。譬如,饥荒便是公共事件,但显然不是公益。

---

① Raymond Geuss. *Public Goods, Private Goods*. Princeton:Princeton University Press,2003,p. 37.
② Ibid. ,p80.
③ Ibid. ,p8-9.

20世纪初意大利伦理思想家丹瑞欧·康波斯塔把形而上的道德哲学与现实社会道德状况结合在一起,阐明了自己的"共同善"公益理论。共同善是共同的(common),而不是私人的(private)。他批评了对"共同善"做工具性解读的流俗理解。"共同善"被说成是有利于社会发展的全部条件,这样共同善就会被还原为服务性的组织,包括用于防止或镇压的强制性机构、纯粹的公共秩序、交通规则、经济效率、公共卫生等组织或领域。然而,"健康的"不能等同于"能带来健康的"。药物能带来健康,但并非身体本身所具有的。同理,"共同善是内在于政治共同体的而不是外生的,是人性的而不是机械的"。①共同善超出了公众的范围,并且在其概念中包含着在共同体所有成员中的良好的传递性。通过正义与友谊,公益与存在于主动参与(建设)和被动参与(分配)中的私人的善之间有着分明的界限。

(四)共同善:西方公益思想的重要价值取向

在古希腊,"共同善"思想伴随着城邦的繁荣、雅典民主制的完善而萌发。柏拉图的"理念"当中产生了朴素的"共同善"思想:人有需要,人与人之间互相需要。人们需要很多东西,因此要召集很多人来相互帮助。所谓"城邦",就是因为有种种需要而聚居在一起的聚居地。继柏拉图之后,亚里士多德接续古希腊整体主义传统,但否定了柏拉图的极端整体主义,更加强调"共同善"的"互惠原则",并确立了典型的城邦"共同善"思想。在《尼各马可伦理学》中,"共同体""共同生活"与"善""最高善"作为相关范畴发生联结。例如,在第九卷中,亚里士多德认为"共同生活"是"友爱"产生的基础。他还引用诗人塞奥哥尼斯的诗行:和好人相处,人会跟着学好。而好人有赖于好的共同体,才能"享福"②。《政治学》开篇提出:"所有城邦都是某种共同体,所有共同体都是为着某种善而建立的,很显然,由于所有的共同体都旨在追求

---

① 丹瑞欧·康波斯塔:《道德哲学与社会伦理》,李磊、刘玮译,朱东华审校,黑龙江人民出版社2005年版,第155页。

② "eudaimonia"是亚里士多德伦理学的核心概念,接近于英文的"flourishing""happiness",有繁荣、兴旺、发达、幸福等意蕴。著者认为,"eudaimonia"更接近中国文化传统中的"福"。

某种善,因而,所有的共同体中最崇高、最有权威,并且包含了一切其他共同体的共同体,所追求的一定是至善。这种共同体就是所谓城邦或政治共同体。"①亚里士多德从城邦共同体的视角,完善了柏拉图的朴素"共同善"思想:家庭是为了满足人们日常生活需要而自然形成的共同体。当多个村落为了满足生活需要,以及为了生活得美好结合成一个完全的共同体,在足以自足或近于自足时,城邦就产生了。而在"德性"意义上,包括城邦在内的一切共同体均应以追求善为目的。好的共同体又有赖于好人,方可持久繁荣。

古希腊柏拉图、亚里士多德等人的"共同善"思想,为后学者提供了思想宝库和灵感源泉。但是,他们思考的现实基点毕竟是"小国寡民"的城邦,故其"共同善"思想所触及的也就局限于"希腊世界"之命运,远未达到对人类"命运共同体"的关注。

欧洲历史进入中世纪晚期,托马斯·阿奎那出于基督教信仰,从神学、理性和经验层面对"共同善"进行具有宗教色彩而又具有调和手法的阐释。翻开英文版《神学大全》(Summa Theologica),有关"共同善"的论述不一而足。

阿奎那对经验和理性予以足够的重视。他认为,向往善是意志的必然倾向,但意志之所以会选择一个善的目标,并不总是因为它与最大的善,即上帝有关,而主要是因为它是"共同善"的体现。他所说的共同善包含着三个层面的含义:"表述性的共同善"(bonum commune in praedicando)、"原因性的共同善"(bonum commune incausando)和实用性的共同善(bona communia)。其中,"表述性的共同善"并不是道德行为的直接原因,而只是后者的种类和形式。因此,每个人所追求的幸福都需要服从"原因性的共同善",即公正秩序的安排,而保持这种秩序的手段则在于"实用性的共有之善"。然而,阿奎那的"共同善"思想终究是站在拯救基督教的立场,经验之实和理性之思最终要回归"上帝(天主)"。"位格性"(personality)是理解阿奎那的"共同善"思想的核心概念,在终极目的上站在承服天命的立场。在"恩典"的秩序中,"位格"自己将上帝之善臆想为自己的善。之所以如此,是因为"爱上帝"。在"爱的冥想"中,"个体善"因与"上帝"发生沟通,而内在包

---

① 亚里士多德:《亚里士多德全集》,中国人民大学出版社1994年版,第3页。

含了"共同善",同时也就成就了"至善"。"天主赐给我们本性之善的共同关系,是本性之爱的基础。因为这本性之爱,不仅本性完整无损的人,爱天主在万有之上胜于爱他自己;而且每一个受造物,各以自己的方式,即或用理智的爱,或用推理的爱,或用动物的爱,或至少用大自然的爱爱天主……"①《神学大全》明确指出:如果我们将人和宇宙放在同一种属上考虑的话,显然宇宙的善大于个人的特殊善。但是,在一个人之内的上帝荣耀的善,高于整个宇宙中的自然善。在阿奎那看来,人类要实现"共同善"的终极寄托是"天福直观"(beatific vision),灵魂通过天福直观绝对地超越于人为建立的"共同善",并使自己远离那些世俗之善,从而进入上帝的赐福之中,去领悟神性本身,去领悟神圣三位一体(the Three Persons)的永恒"共同善"。可见,阿奎那的"共同善"思想,出乎经验,凭借理性,终又复归神学的冥思。结果便是"上帝善"替代了"人类善",为"共同善"蜕变成"教会善"提供了理论依据。

不将"个体"从"位格"中解放出来,人就不可能成长为真正的"类"存在。换言之,人从"位格"(person)中发展为"个体"(individual),便实现了从中世纪到近现代的思想转折。无论是"个体主义"(individualism)还是"共同体主义"(communitarianism),均由此破茧而出。研究发现,"common good"作为重要概念乃至核心范畴,出现在被称之为各种"主义"的学术文献中。

综合近现代学者"共同善"思想理论,可以梳理出如下命题:"个体善"与"共同善"之间的关系,"共同善"与"共同体"的关系,"共同善"的内涵、地位以及实现方式,等等。

卢梭在《社会契约论》中明确提出:公意(general will)意在"共同善"。他认为,"共同善"对于结合为一体的每个有理智的人来说都是自明的,只要人们意见一致,统一到关系共同生存及"共同善"的意志上来:"公共的利害不仅仅是个人利害的总和,像是在一种简单的集合体里那样,而应该说是存在于把他们结合在一起的那种联系之中;它会大于那种总和;并且远不是公

---

① Thomas Aquinas. *Summa Theologica*. Md.:Christian Classics,Incorporated [imprint] Are marie Press,1981,I-II.

共福祉建立在个体的幸福之上,反而是公共福祉才能成为个体幸福的源泉。"①这便是"个体善"与"共同善"的辩证法:"共同善"作为整体,要大于作为部分的"个体善"的集合。

共同体主义代表人物麦金太尔(Alasdair Maclntyre)试图突破"原子式个体"之局限,将生活世界视为一融贯整体,对"共同善"做出了大量而又深入的阐述。在其成名之作《德性之后》(After Virture)2007年版"序言"中,他以是否能够以分享"共同善物"的成就感为发展目标作为与自由主义的分歧点:"我自己对自由主义的批评源自这样一种判断:即德性传统在人类生活的最好样式中得到充分体现,这有赖于构建与维系以分享'共同善物'(common goods)②为成就感的多种共同体形式。不做到这一点,人类最终之善无法得以实现。"麦金太尔发展了卢梭的"共同善"与"个体善"的辩证关系思想,从"共同善"(common good)与"个体善"(individual good)关系来界定"共同善":"共同善"出乎"个体善"。第一,"共同善"不是凌驾于"个体善"之上的更高级别的"善",相反,是为了"个体善"之真正实现;第二,"共同善"不是"个体善"的简单相加,因为这样很可能会因为个体需要的差异而无法达成一致;第三,"共同善"也不是"个体善"的简单叠加或"交集",因为这样很可能"共"的是某狭隘群体之"善"。在麦金太尔的新近著作《依赖性的理性动物》(Dependent Rational Animals)中,提出必须在维系"给予者与接受者网络关系"(networks of relationships of giving and receiving)的共同体中,求解"共善"之真谛。如此,人类方得以繁衍生息,其福祉方可久存。推而广之,人作为个体的乐善好施,或许现在和将来都没有回报。但正是因为这种行为,弥补了整个人类"脆弱性"的一面。也就是说,个体德性某方面的缺失,再以"类"的德性补全。麦金太尔特别强调,这不是"反正义",而是恰恰解决了"正义"无法解决的问题,是从人"类"的宏大与历史视野破解正义,最终是为了"共同善"。

综上,公益在不同时代、不同思想家的"共同善"视阈有着不同内涵,但

---

① 卢梭:《社会契约论》,何兆武译,商务印书馆2005年版,第188-189页。
② "common goods",有学者译为"共同益品"。著者为使之与"善"发生勾连,使用"共同善物"的译法。

无外乎有两种表现形式:物化的形式,以"共同利益"(common interest)或"公共利益"(public good)的形式表现出来;非物化的形式,彰显在德性或美德(virtue)中。而公益的意义在于:首先,个人生活在社群中。他从社群获得个人生活的目的和价值,并在参与共同的活动的过程中形成心理上的"共生共存感"。其次,公益是个人利益与群体利益的有机结合,它倡导了一种由"互相信任、合作和利他的原则支配着"的道德价值观。再次,公益也是一种规范个人偏好的标准,它规定社群的生活方式,引导公众的偏好趋向于共同善。最后,公益也是国家和社会的集体责任的确认,它赋予公民个人对福利的要求权,为社会福利的实施提供了法律和道德的依据。

二、参与公益是国外尤其是发达国家公民教育的重要主题

研究发现,欧美国家尤其是发达国家,不同程度地将学会参与公益纳入公民教育课程。王小飞在《试论公民身份教育的实践模式——基于六国培养体系的比较研究》一文中,指出公民身份教育的复兴标志着公民教育从自我认同向共同体取向认同的重要转变。从符号认同、国民认同到多元认同是公民身份教育演变的基本逻辑。英国的主动公民、美国的多元价值、德国的政治教养、法国的共和人权、韩国的国民伦理、日本的"好公民"培养体系,代表了参与型、权利型、责任型等公民身份教育实践模式的基本类型。[1]加之著者的研究,择要分述如下。

(一)参与公益是美国公民教育的传统

杜威在《民主主义与教育》一书中,提出民主是联合的生活方式,是共同交流经验的方式,是参与有共同利益的事情。[2]针对有关美国公益教育的文献研究发现,美国诸种公民教育课程标准或教材对参与公益做出了相关规定。《全美社会科课程标准》(*Expectations of Excellence :Curriculum Standards for Social Studies*)将公益作为美利坚合众国的重要理念之

① 王小飞:《试论公民身份教育的实践模式——基于六国培养体系的比较研究》,《教育研究》2015年第10期,第126页。
② 杜威:《民主主义与教育》,王承绪译,人民教育出版社2001年版,第97页。

一,提出政府的存在合理性在于保障个体权利与促进公益(promotes the common good),并提出学校公民应当承担起公民角色,所有公民均应树立公益观念。美国公民教育中心制定的《全美公民与政府课程标准》(*National Standards for Civics and Governmet*)对公益做出如下规定:第一,政府是公仆而非主人,政府的基本宗旨是保障个人权利和促进公益。第二,促进公益是政府存在的必要条件之一,美国政府的基本原则是保障个人权利,促进公益。第三,美国公民教育既要帮助学生能维护个人权利,同时能够负责任地帮助他人实现权利,这就要求参与公益。美国哈佛大学教参《美国政府》(*American Government*)一书中,提出一切政治都是集体行为的集体行动、通过制度化路径解决集体行为问题、所有的政治结果都是个体选择与程序规制的结果等政治原则。上述原则隐含着参与式公益的教育观念。

从国外相关基础研究来看,公益是跨越自由主义者与社群主义者的语脉勾连。在美国学界,无论是自由主义者(如罗尔斯),还是社群主义者(如麦金太尔),都将公益作为重要概念范畴,将公民参与作为理论指向。另一当代学者大卫·米勒(David Miller)在《公民资质与国家身份》(*Citizenship And National Identity*)一书中,融汇了自由主义式的公民资质观,但添加了公民必须以特定方式思考和行动的元素:公民通过积极参与政治生活,担当促进公益的使命,从而实现与政治社群的身份认同。

(二)英国"克里克报告"中参与式公民教育要素

新工党政府于1997年11月19日颁布"卓越学校计划"。其中,教育和就业部长(当时为教育技能部)要求各中小学强化公民教育和民主主义教育,并设立相关审议会促进这些教育的发展。审议会于1998年9月22日提交题为"学校公民教育和民主主义指导"的咨询报告(克里克报告)。关于咨询报告的内容已有诸多文献介绍过,这里不再赘述,只是有必要提到贯穿公民教育整体的三个相关要素。

第一个要素是培养学生的社会、道德责任感。即便学生从初等教育阶段开始就学会在人际交往过程中无论是对待当权人物还是对待平民百姓都做到充满自信,在校内外都能采取具有道德责任感和社会责任感的行为。

第二个要素是使学生积极参加各种社团和群体。学生通过作为集体成员参与社会活动和成为对集体有所贡献之人,学会在实际生活中相互帮助、与邻人和谐交往(还包括通过学校和社区团体的集体活动、志愿者活动、参与交规校训的制定等,向学生提供认识自己、发展社会技能的机会)。

第三个要素是培养学生的政治素养。学生通过学习英国的民主主义制度、问题及相关实践,学习相关知识(不局限于政治知识)、技能和其他有价值的内容,来思考和体验怎样提高各层面公民(从社区之人到国家之一员)的生活质量。[①]

(三)法国广泛的公民教育参与体系

张展在《法国是如何进行公民教育的》一文中,指出了法国公民教育中的多元主体社会参与。法国公民教育的社会参与,主要体现在家庭、政府指导机构、非政府组织参与三个方面。

法国教育改革方案中提到,学校教育与家庭教育应互为补充,要有相应的制度对教师与家长之间的关系进行维持。基于这一理念,法国教育部门对学生家长提出了一系列指导性建议。在对孩子的培养上,家长要做到与学校密切配合,尊重孩子的个性,引导孩子了解自身特点、进行自我认知,并通过良好的沟通帮助孩子认识自身情绪、学会换位思考;在对孩子成长的关怀方式上,要帮助孩子缓解压力、学会倾听和正确表达,有计划地培养孩子自律的能力,以提高问题解决的成功率。

政府指导机构方面,法国公民教育有着与之相匹配的制度。法国《教育指导法案》为各行为主体参与公民教育提供了法律保障。法国的"教育高级委员会"就是以该法案为依据而设立的,是统一领导法国公民教育工作和教育参与的主管部门。法国教育政策还规定,法国每所中学都需要自行成立"健康和公民教育委员会",为学校公民教育的规划、实践提供指导。这些都给法国公民教育的贯彻落实提供了制度基础。同时,法国各地区政府通过

---

① 《英国公民教育:公民必修课中的参与、合作与责任教育》,新浪博客,2014年3月23日,http://blog.sina.com.cn/s/blog_71b201e70101tqoy.html。

制订各种公民教育计划来推动各方合作,将政府、社区、学校、家庭相互联结,形成了一个由学校、家长、社区、社会团体、政府等多方共同组成的、广泛的公民教育参与体系。

非政府组织方面,为了培育公民与法国发展相契合的意识,法国有许多文化场馆及民间团体会组织开展一系列教育实践活动,为公民教育的实施营造了良好的社会环境,也在一定程度上促进了法国公民教育的开展。非政府组织的参与,使法国公民教育在增添了灵活性、综合性、自主性的同时,也扩大了公民教育的影响范围。①

(四)德国公民教育公益参与的综合施策

有学者概括出德国的学校教育制度相当复杂、因州而异,甚至各州制定有不同的义务教育年限,但均着力培养"具有民主能力的公民"。州的学校宪法和学校法都规定,学生与家长、教师、教育行政人员一样具有参与合作的权利,学生可以参与学校决策活动。联邦和各州教育计划研究援助委员会(BundLänder-Kommission für Bildungsplanung und Forschungsförderung,以下简称BLK)积极开展相关教育项目的开发。项目的目标在于,营造更为民主的学校生活和教学氛围,促进青年积极参与社会发展。该项目主张四大学习模式:

模式一,"教学":探索教学模式和方法,研究怎样才能让学生在课堂上积极参与民主主义的活动过程,培养社会适应能力。例如,怎样促进学生的学习动机并提供必要的帮助,怎样让那些学习速度、兴趣各不相同的学生积极参与学习活动,体验"责任"。

模式二,"项目学习":通过各种项目设计来进行共同目标下的合作学习和以解决问题为目的的学习,从而强化学生个体的行动能力,提高学生的社会见识和能力。因此,学校教育应将项目学习作为教育的常态,而不是将其设定为短期、特别的活动。

模式三,"民主的地方——学校建设":学校应给学生充分的参与机会,

---

① 张展:《法国是如何进行公民教育的》,《人民论坛》2017年第18期,第116—117页。

使学生为参与未来的社会生活做好必要的准备。学校应发展和促进学生的参与方式,使其真正影响学校生活。民主的学校文化还包括包容差异、消解冲突。

模式四,"民主主义中的学校":学校应向社会开放,并与青少年援助团体和社区企业合作,将其运用到学校生活和课堂上。[①]

(五)政治变革后的东欧公民教育注重社会参与

20世纪末期,随着政治上的巨大变革,东欧国家[②]开始摆脱苏联式的"公民教育",并在借鉴西欧经验的基础上,探索适合其国情发展的公民教育模式。东欧国家开始走向独立发展的道路,并纷纷加入欧盟组织,民主制政体在东欧国家逐渐建立并得到不断巩固。此后,培养什么样的公民,怎样培养公民,成为摆在他们面前的难题。在20多年的发展历程中,东欧国家在积极借鉴西欧教育经验的基础上,对中小学公民教育的目的、课程进行了一系列改革,并形成了这样三个特点:注重运用隐蔽性教育方式提高公民教育的实效性,充分发挥非政府组织在公民教育中的积极作用,重视情感教育和社会参与能力的培养。培养积极的、负责任的公民,是东欧中小学公民教育的主要目的和核心任务,但对于什么是"负责任的公民",东欧国家还没有统一的认识。他们常常用其他名词来界定"负责任的公民",比如拉脱维亚和罗马尼亚使用"公民参与",波兰使用"公民态度"或"公民意识"。在东欧国家看来,积极的、负责任的公民应该具备一定的公民知识和一些价值观念,比如民主、自由、人权、容忍、平等、尊重法律、社会公正、责任、忠诚、合作、参与、道德等。譬如,捷克共和国宪法中规定:每一个公民对于其他人均负有责任,应努力维护社区的统一,并具有一定的价值观念,即人类的尊严、自由、平等、人权、自然、文化、物质、精神遗产等。立陶宛于1997年在《学校普通教育一般课程》中提出,通过培养民众的道德原则和一些基础性的价值观念,以促使他

---

① 《德国公民教育:从政治教育到公民教育》,新浪博客,2014年3月22日,http://blog.sina.com.cn/s/blog_71b201e70101tq7v.html。

② 这里所指的东欧国家,主要是指先后加入欧盟的立陶宛、爱沙尼亚、拉托维亚、波兰、匈牙利、捷克、斯洛伐克、斯洛文尼亚、罗马尼亚、保加利亚等国。

们成为负责任的公民。规定公民应该对自身的权利和责任有明确的认识,并有能力参与公共生活。此外,在个别有大量少数民族居住生活的东欧国家,负责任的公民的概念里包含对非本国公民的整合政策。如爱沙尼亚发布了一项特殊的《国家整合计划》,该计划从2000年开始施行直到2007年。这一计划的主要目的在于增强爱沙尼亚社会对非爱沙尼亚公民的包容性。

除营造民主的校园氛围外,20世纪90年代初开始,东欧若干学校积极与非政府组织(NGO)展开合作,以培养学生的民主参与能力。如1994年波兰公民教育中心成立以后,便提出了多项有关公民教育的提议。此外,自1989年开始,波兰中小学也与地方民主基金会开展合作。斯洛文尼亚的青年协会之友致力于改善儿童生活和保护他们,该协会还组织了一个全国性质的儿童议会。保加利亚于1999年成立了协同效应艺术协会,该组织致力于培养人们的宽容意识、人权意识和公正意识,并培养人们的批判性思维方式,提升他们解决矛盾的能力。

东欧非常重视培养学生的社会参与能力。一方面,通过营造民主的校园环境,使学生有机会参与到班级管理和学校管理之中。学生在具体的参与过程中,实行民主的行为原则,并从中学会尊重、包容、妥协与合作,从而增强对民主、自由、平等等价值观的认同感。另一方面,学校积极建立与社区之间的联系,并鼓励学生参与社区生活,在具体的社会现实中提高自身的社会参与能力,了解不同群体的利益需求和社会管理或规章制度中存在的问题,从而增强自身的社会责任感和使命感。[①]

三、西方参与式公民教育的概括

从比较教育的视域来看,参与式公益与参与式公民教育密切相关。国内公民教育学者冯建军对参与式公民教育的概括具有典型性。他概括出西方参与式公民教育的几点特征:

第一,公民参与是一种基于公共理性的参与。参与是参与式公民教育

---

① 侯丹娟、陈文旭:《当代东欧中小学公民教育及其特点》,《教学与管理》2014年第2期,第80—83页。

的核心词。首先,这里的参与是积极主动的参与。参与有积极主动参与,也有胁迫被动参与。主动参与是作为主体的存在状态,被动参与是作为客体的存在状态。公民作为主体人,其参与应该是积极的。公民作为公共生活的主人,具有积极参与公共生活的意愿,能够通过与他人或群体之间的合作影响公共决策,创造公共福祉。其次,主动的参与行为并不是无节制的,对于民主制度的正常运行而言,过度或无序的政治参与行为是不理智的,因此也是有害的。因此,公民参与必须基于理性,而且是一种公共理性。

第二,公民参与是一种主体间的平等交往实践。公民作为一种身份,公民之间是平等的,公民之间出于公共利益而交往。因此,公民的参与不是你争我斗的利益纷争,而是一种多主体间的平等交往。交往中的公民具有平等的权利和责任,而且公民之间是互惠和合作的平等关系,而非权力的压迫与被压迫、奴役与被奴役的关系。公民之间的冲突只能通过民主协商的办法而解决,他们之间也是一种相互宽容、信任和尊重的关系。个体不是作为原子式个人参与其中,而是作为共同体的一员、作为一个平等交往的主体参与其中。个体参与生成的是孤立的个人主体性,平等的交往实践生成的是主体间性。主体间性在保证个人独立人格的同时,也与他人平等对话、合作、协商、妥协,形成人与人之间的互识和共识。所以,公民参与是一种主体间的平等交往实践。

第三,公民参与是一种公共生活的参与。"参与"回答了公民教育的活动方式问题,但公民在哪里参与,参与的场域是什么,这是由公民特质决定的。自由主义公民是孤立的公民,不强调公共参与,个人消极履行其义务即可。参与式公民教育则基于共和主义理念,强调公民对公共事务的积极参与、对公共事务的关心和投入。公民是公共生活的积极参与者。因此,公民的参与只能发生在公共场域中,过一种公共生活。这是由公民的公共性决定的。公共生活是人们在公共领域中,通过参与公共事务而形成的相互联系和相互影响的共同生活。它以公共领域为场域,以公共事务为中介,以公共参与、公共交往为手段,以公共伦理为调节,以公共性的形成为目的。所以,并非任何情况下的学生参与都是参与式公民教育。只有发生在公共场域中的公共参与,才构成参与式公民教育。学生为了获得知识的自主学习、自主探究,就不属于参与式公民教育的"参与"范畴。所谓参与式公民教育,是学生参与公共生活的教育实践活动。

第四,公民参与的目的是培养负责任的积极公民。公民有积极和消极之分。自由主义公民只强调个人的权利和自由,不对国家尽义务和负责任,是消极公民。自由主义的公民只承担公民基本权利所要求的公民义务的底线,是被动的参与。共和主义公民强调参与公共事务,关心公共福祉,是积极公民。共和主义公民的参与不仅要公民履行消极的义务,更强调公民要积极主动地参与到公共生活之中。参与式公民教育是针对自由主义消极公民的问题而提出的,它以培养负责任的积极公民为目标。积极公民的公共精神、公共理性和公共参与能力只有通过公共生活中的主动参与才能实现。

总之,从发达国家视域来看,现当代公民教育蕴含着参与理念:公益意味着公民与政府一道,在差异中寻求权利与义务的平衡。也就是说,在现代民主社会,公益必须以承认合法的、正当的个人利益为前提,以共同利益为关切,以具备公民资质(citizenship,或译公民资格)的现代公民为利益参与主体,以政府公共权力(Public Power/Authority)为推动力,从而在特定共同体中实现"共同善"。

从国内相关理论研究来看,将公益作为慈善来研究仍占主导地位。但是,重视公益的参与性渐趋成为研究动向。有学者从现代社会视角看待参与公益的重要性,如秦晖在《从传统民间公益组织到现代"第三部门"》中指出:如果说西方第三部门的意义不限于一般的慈善与公益,它还意味着对公民权利与公民义务的新的理解,那么中国要争取从最起码的公民参与空间做起。也有学者从现代公益观视角看待参与公益的重要性,如国内学者唐昊在《中国式公益:现代性、正义与公民回应》一书中将"现代公益"界定为:一种以利他主义价值观为导向、以改变社会体制和社会生态为目标,服务于公共利益的志愿行动。他还指出了公民参与公益的重要性:公益事业试图通过公民自身力量的成长,促使由积极公民组成的社会出现。而在兰花的《论我国政府与慈善组织的互动关系》、徐富海的《公开、信任与监督——由"郭美美事件"看公益慈善组织的发展》等论著中,我们看到,参与公益有的是"决策性参与",即参与公共政策的制定;也有的是"功能性参与",即参与公共政策的执行。

总的来看,国内参与式公益研究较为缺乏,比较公民教育视域下的参与式公益研究仍是理论空场,中国特色社会主义公益教育的总体构型亟待搭建。

第三节 研究理路与研究目标

本项研究将通过概念界定、现状调研、比较借鉴、理论架构、行动策略及理想愿景等的依次构建,为培育中国特色社会主义公民提供学术借鉴。

一、研究理路

(一)针对中国公益教育现状,展开调查研究

文献调查。在中国知网等数据库,以"公益""公益教育"等为主题进行搜索。按相关度排序,查阅、梳理相关文献,立足公民教育的视野,廓清公益及相关范畴的内涵。

问卷调查、实地观察与访谈。针对教师、学生、公务员及公众等群体,设计参与式公益教育问卷调查。进一步把握公众的当下公益观念,了解广大师生对公益教育的认知度、认可度与关注度等。注重调研对象各阶层分布的多元性,为反映调研样本的客观性,课题组在全国各省区选取若干场所展开集中调研,并采用网络调查这种新调查方式。在东、南、西、北、中各地区发放问卷5000份,注重回收率与有效问卷,采用新的统计软件进行梳理,聘请专业人员进行数理统计。

(二)针对中西公益教育理念及教育方式,运用比较公民教育方法展开研究

比较教育研究法是根据一定的标准,对不同国家和地区的教育制度或实践进行比较研究,找出各国教育的特殊规律和普遍规律的方法。比较公

民教育研究方法属于比较教育研究法,即参照西方公民教育的有益因子,提炼我国思想政治教育(德育)中的公民教育元素,综汇熔铸为中国特色社会主义公民教育。

本书研究根据中国特色社会主义实际,寻求西方发达国家公民教育与中国思想政治教育及德育的对接点,揭示各自公益教育的特殊性与普遍性。课题组若干成员赴国外进行实地考察与收集资料,进而对西方公益教育进行批判借鉴,从而将具有普遍性的公益教育理念与教育方式应用于中国实际。

(三)针对开展中国特色社会主义参与式公益教育,从事行动研究

《国际教育百科全书》对行动研究的定义是:由社会情境(教育情境)的参与者为提高对所从事的社会或教育实践的理性认识,为加深对实践活动及其依赖的背景的理解所进行的反思研究。在行动研究中,被研究者不再是研究的对象,他们也成了研究者。有鉴于此,本项课题研究带着问题意识同学生公民一道思考、反思与行动。

二、研究目标

通过中西方比较,明确参与式公益在培育公民素养当中的重要性,为培育中国特色社会主义新时代公民提供学术资源。

第二章

中国公益现状调研

正如前文所述,公益不同于慈善。正如中华慈善总会第一任会长崔乃夫所言:"看到贫困的人,你给他衣服,是慈善;但你去帮一群人盖学校、建房子、办医院,你去支持音乐事业,抢救一个民间剧种,这种方式就是公益。"①对当代中国公益现状的研究表明,必须在学理上辨明慈善与公益理念之不同,促进从传统慈善式公益观到现代参与式公益观的时代转型。

第一节 慈善事业的参与度需要提高

慈善不应仅仅被理解为一种爱心的奉献或救助,在更深层意义上,是社会治理的有机组成部分,是"善治"的重要体现。然而调研发现,民间对公益与慈善的认识模糊,缺乏与政府的合作以及公民之间的协商,慈善事业有待深度参与。

---

① 崔乃夫:《自治是中国公益慈善之本》,网易新闻,2005 年 11 月 22 日,http://news.163.com/05/1122/16/2367128V00011MU9.html。

一、民众对公益存在认识误区

公益虽然倡导大公无私、舍己为人，但这绝非公益的全部内涵。公益的真正含义，需要超越"利己—利他"的两极对立思维。从公民维度阐释公益，有助于在学理上辨明慈善与公益概念之不同，树立中国特色社会主义公益观。

然而研究发现，无论在日常话语中还是在学术探讨中，往往将公益等同于"慈善"，将"慈善"等同于捐助、捐献。以公益为主题的网络文献搜索显示，论题多半将公益活动理解为"利他行为"，例如《现代公益组织发展中的公益伦理研究——基于利他主义价值观的分析》《公益伦理的界定》《大型公共体育场馆公益与经营效益评估指标体系研究》《劳动公益诉讼若干问题探讨》《论农地的公益性及农地征收中的公益衡量》《公益广告的特征、问题与发展对策》《从传统公益研究到网络公益研究的变迁——中国公益研究状况述评》《教育公益诉讼：受教育权利司法保障新进展》《借力发展、合作共享：欠发达地区公益事业发展之路的探索——从云南徒步筹款公益项目的发展说起》等。

通过调查与访谈进一步得知，很多民众仍将公益等同于慈善，在日常话语体系中也将它们相互混淆。在实践过程中，往往停留在"献爱心"层面，在捐钱捐物过程中缺乏参与性。[①]

参与调查者的基本情况信息见表2-1：

表2-1　参与调查者的基本情况信息

性别	男（48%）	女（52%）	—	—
年龄	22—39岁（41%）	40—49岁（32%）	50—59岁（17%）	60岁以上（10%）

---

① 课题组采取了实地访谈和问卷调查相结合的方法，在全国范围内，通过定点调查与随机调查结合的方式，在政府机关、企事业单位，车站、景区、菜市场、广场及人流量大的十字路口等地随机发放调查问卷。调研对象注重多元性，有政府公务员、医生、教师、在校学生、农民、农民工、司机、餐厅服务员、理发师、宿管阿姨、人力车夫、企业会计、开挖掘机的技术员、汽修工、销售经理及业务员、零售店店主、水果摊贩、环卫工人、保安等。共发放问卷5000份，回收4980份，其中有效问卷4960份。

续表

性别	男(48%)	女(52%)	—	—
文化程度	初中(7%)	高中(25%)	本科(52%)	研究生(16%)

受访者职业分布情况见图2-1：

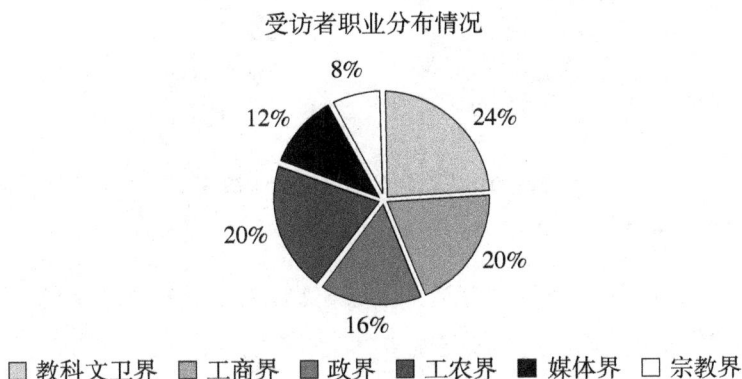

受访者职业分布情况

□ 教科文卫界　■ 工商界　■ 政界　■ 工农界　■ 媒体界　□ 宗教界

图2-1　受访者职业分布情况

通过对受访者回答的统计梳理，对民众对公益的认知与践行现状的分析如下。

（一）充分认识到参与公益的意义，其认知状况与社会主义核心价值观有着较高的匹配度

调查表明，近75%的受访者认为参与公益对践行社会主义核心价值观有作用，对于参与公益应该包含哪些价值元素，受访者的选择排序见表2-2：

表2-2　受访者的选择排序（人）

平等	自由	孝道	敬业	诚信	和谐	公正	友善	法治	文明	富强	爱国
4670	4580	4390	4170	4120	4060	3870	4890	3530	2290	1850	1670

(二)公众对公益概念的认知仍存在局限(见图2-2)

民众对公益概念的认知度

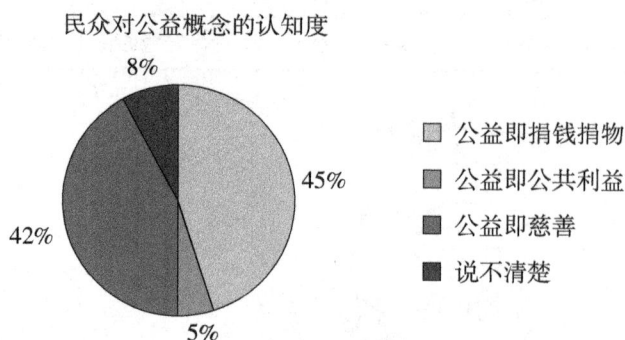

- 公益即捐钱捐物
- 公益即公共利益
- 公益即慈善
- 说不清楚

图2-2 民众对公益概念的认知度

注:以上选项为单选。

相当一部分受访者认为公益即捐钱捐物,或者说公益就是慈善。还有的受访对象认为,"捐钱捐物就是慈善,搞不懂与公益有什么区别"。

(三)公众对公益的目的有着多种认知(见图2-3)

受访者对参与公益目的的自我认知情况

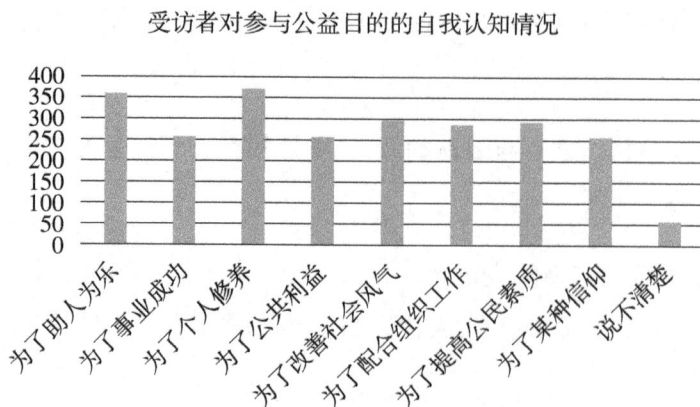

图2-3 受访者对参与公益目的的自我认知情况

调研表明,在现代多元社会,民众参与公益的目的也有着多元取向。这种取向渐趋突破了传统意义上的助人为乐内涵,与个人成功和事业发展相关联,也有着公共利益指向性。

（四）受访者实际参与公益的渠道需要拓宽（见图2-4）

受访者实际参与公益方式的情况

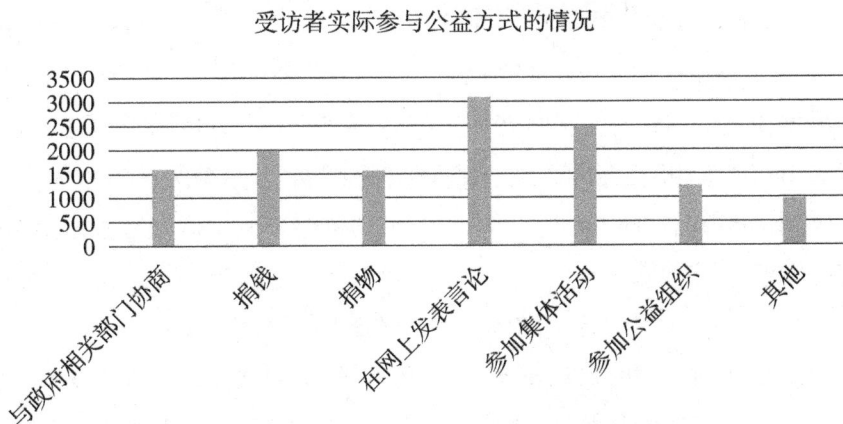

图2-4　受访者实际参与公益方式的情况

注：以上选项为多选。

调查表明，尽管在认知上参与公益有着多种取向，但在现实参与方式上，仍局限于传统的慈善式行为。

（五）学校公民教育缺失公益教育成为公益参与性不高的主因（见图2-5）

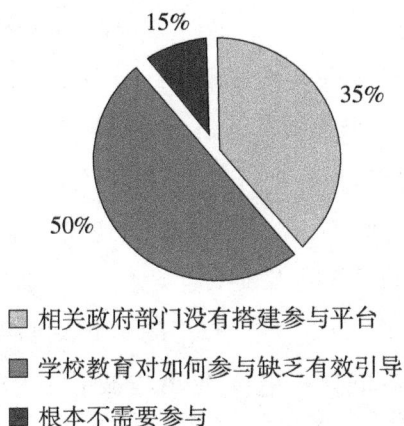

□ 相关政府部门没有搭建参与平台
■ 学校教育对如何参与缺乏有效引导
■ 根本不需要参与

图2-5　公益参与性不高的原因

调研分析表明，缺乏参与观念、缺乏参与平台、相关政府部门及学校教育缺乏有效引导，是民众参与公益状况不佳的几大原因。而缺乏系统的学校公民教育及公益教育,成为主因。

二、慈善缺乏公民参与引发信任危机

通过上述调研可见,当前我国慈善事业缺乏公民参与。由于习惯了"我捐款他们去办",捐助者、受益者和第三方(慈善组织)之间缺乏沟通、协商,或者仅限于"感谢"层面的关联。"郭美美事件"表明:缺乏公民的主体参与,成为慈善组织运作不够透明、对慈善组织的监管不到位以及慈善法律缺位的重要原因。

案例 郭美美事件

2011年6月20日,新浪微博上一个名叫"郭美美Baby"的网友颇受关注,因为她是自称住大别墅、开玛莎拉蒂的20岁女孩。郭美美在微博上多次发布其豪宅、名车、名包等照片,这些炫富微博被网友发现后,被迅速转发、评论,她成了红极一时的名人。更令人吃惊的是,郭美美在新浪微博上的认证身份居然是中国红十字会商业总经理。红十字会的经理身家居然如此富有,不由得引起了众多网友的猜疑:我们捐给红十字会的钱哪去了?顿时,网上掀起轩然大波。从微博炫富女到中国红十字会商业总经理,郭美美已将网民们对她的羡慕、嫉妒,成功地过渡到了憎恨。千人唾骂,万民声讨,并且矛头直指中国红十字会。随后,北京市公安局官方微博"平安北京"通报郭美美案件进展,查明郭美美及其母与红十字会无直接关联。然而,"郭美美事件"发生后,社会捐款数及慈善组织捐赠数额均出现锐减。①

缺乏参与度的捐献只能是自发行为。中国红十字会之所以遭遇信任危机,表面上是受某一事件影响,实际上是因为公民在捐赠过程中缺乏参与意识、缺少参与路径。只有公民将慈善事业视为公共利益来看待和参与,视公益为与自身发展休戚相关的事情来参与,每一个人才可能成为自觉的参与者、监督者和践行者。在此过程中,帮助者与被帮助者一道成为理性的、有自我发展能力的公民。

---

① 根据网络文献整理。

三、从慈善式公益到参与式公益是历史的必然

当前,中国公益事业的内涵,已经超出了慈善、救助、捐助的范畴,具有政府主导、学术支撑、民间参与的含义。

以"中国社会创新奖"为例,该项目旨在发现和鼓励各类社会组织在解决社会问题、提供公共服务和社会服务、推动社会主义和谐社会建设过程中的创新行为,总结并宣传推广社会创新的先进经验;鼓励和引导社会组织以自主、创新和可持续的方式为社会提供公共服务和产品,促进社会公平,推动社会善治;建立一套客观、科学的社会创新评价体系,对社会组织的社会创新行为进行独立的评估和奖励,推动社会的健康发展;对社会组织的社会创新行为进行研究和理论总结,积累社会创新知识,推动建立社会创新的国际国内交流平台。譬如,2015年1月,第三届"中国社会创新奖选拔暨颁奖大会"遴选出的优胜奖名单有:服务社区社会组织成长的"三社"模式项目(浙江省杭州市上城区社会组织服务中心);公益创新项目O2O协力平台"积善之家"项目(四川省成都市高新区积善社会责任公益研究与发展中心);"健康村镇"项目(云南省丽江市健康与环境研究中心);两岸阳光故事家族项目(福建省厦门市海沧区"两岸阳光故事家族");全国听障儿童家庭康复和网络社区康复项目(中国聋人协会);全国中小学"防性侵教育一堂课"项目(中华社会救助基金会);社区参与式互助体系项目(四川省成都市锦江区爱有戏社区文化发展中心);探索草根公益有效资助之道项目(福建省正荣公益基金会);"益心益易"闲置物品循环使用项目(重庆市万州区青年助学志愿者协会);益云救灾地图项目(益云社会创新中心)。从获奖项目来看,我国越来越重视基层治理的公益性、参与性。

案例　马云说要资助"小马云"上大学

"小马云"最早在网上流传的时间是2015年,当时有网友呼吁"让马云资助他上学"。时隔一年,马云表示愿意承担"小马云"的上学费用。

2016年"双十一"刚过,一场有关"小马云"的讨论在网上流行起来。

江西省吉安市永丰县的一名8岁儿童范小勤,因长相酷似马云,被曝光后很快就成为网红,人称"小马云"。得知孩子家境贫困后,马云表示愿承担

其上学费用,供到他大学毕业。

阿里巴巴集团对此回应称:网上关于"小马云"的各种信息,我们也注意到了。这不应该是一个笑话或者段子,"小马云"的背后是沉重的现实——我们社会还有那么多未脱贫人群,乡村留守儿童的教育、成长问题让人深思和焦心。相信每个参与转发的朋友的初心。解决一个孩子的教育费用、生活费用不是很难的事情,但要解决千千万万的贫困儿童学习和生活上的困难就需要唤醒更多的力量,为今天这个现实做更多的系统的努力,给这成千上万的留守儿童一个敞亮的未来。其实这也是阿里巴巴和马云公益基金的责任和关注方向。我们会跟大家一起,尽心尽力,尝试摸索更有效的途径。从某种意义上说,这跟阿里巴巴本身做得多大、走得多远比起来,是更有意义、更有价值的事业和梦想。

马云热衷于公益事业。在马云官方微博上,一共有两个title——"乡村教师代言人""TNC(大自然保护协会)全球董事会董事",它们都与公益事业相关。在公告中出现的"马云公益基金会"于2014年12月15日正式成立,是马云先生个人出资在国内设立的非公募基金会。此前有9位理事,包括基金会创始人马云、阿里巴巴集团董事局副主席蔡崇信、汪涵、李连杰和赵薇等人。"马云公益基金会"旗下有"乡村教师奖""马云乡村校长计划"等具体项目。……从2008年持续至今的汶川灾区重建;从2010年起将每年营业收入的0.3%纳入公益基金并用于环境保护,累计已捐赠4.1亿元;马云和蔡崇信以集团总股本的2%成立个人公益信托基金(马云个人捐赠额达145亿元)。截至2016财年,阿里旗下平台推动社会公众逾33亿人次参加公益行动,累计2.8亿买家、150多万卖家通过阿里平台参与公益;截至2016财年,阿里公益基金共资助73个国内外项目,其中环境保护领域47个。

马云在首届全球XIN公益大会上表示:"公益的本质是唤醒善心,唤醒每个人内心的善良。"马云认为,公益和慈善是人生最大的一种福报。[1]

确实,诸如商会或社团、基金会这样的新组织形式为形塑国家与社会间新的关系开拓出了许多可能性。社会与国家两方在第三区域里的交互参与

---

① 根据网络文献综合整理。

更加引人注目。

在现当代社会,公益与公共利益休戚相关,与公民参与密不可分。从现代公民视角阐发公益,就是要突出公民作为主体参与社会治理的重要性。随着中国公共生活参与面的拓宽、参与度的深入,公民的个体意识和群体意识及与之相关的权利义务意识有了充分的彰显空间。新兴的多元主体发育,应根植文化传统重塑参与社会文明的积极力量,通过参与式公益与政府一道实现"善治"。

第二节　公共事务协商机制有待提升

公益与治理密切相关。近些年来,在处理人民内部矛盾的过程中,民事调解成为公益治理的重要手段。民事调解人员一般情况下是不计报酬的"公益"行为。然而,在介入民事行为的过程中,不应收回"我"在,也不是放纵"我"的私利,而是要引导当事人思考:"我"所处的共同体需要什么样的规则? 合理的规则会带来哪些公共福祉? 不合理的规则会带来怎样的社会危害,并影响到个人权利的实现?

一、多元主体参与治理有待改进

国家权力与社会力量的重叠和合作主要在地方与乡村层面。但是,对于当代中国地方性和乡村性的第三领域来说,现代化程度已足以使之与先前的第三领域有着重大差别。在像长江三角洲这样的发达地区,扩展现代型的公共活动已成为风气。这种活动通常由政府与民间共同进行,并且常常是依托着新兴的制度化形式。由此,国家与社会在第三领域的合作既在扩展,又具有公益属性。

案例　财产纠纷

村民骆青云(音)本来是个老实巴交的庄稼人,可是现在也忍不住要跳起脚来骂人。原来,他种的西瓜眼看就要上市卖个好价钱,可是却被村民陈刚(音)养的狼狗糟蹋了。看着一片狼藉的瓜地,骆青云恨不得将那条惹祸的狼狗打死,但他最终还是选择了让村民代表来解决。

村民代表:"这个西瓜你要(陈刚)赔偿3000块钱,我们跟陈老板(指陈刚)讲了之后,老板只承认要赔偿1500块钱。但是,我们根据实际的情况,对老板说了,要他赔偿2000块钱给你。你认为是否可以?"

骆青云:"我说领导干部解决了就好了。"

村民代表:"那你对这个解决方式、对这个赔偿满意不满意?"

骆青云:"我就相信领导,领导给我们说了就是了。"

(双方达成了赔偿协议,握手言和。)

村民代表总结:我们的解决方式主要是以和解为主。双方之间就是应该把这个事情,通过什么样的方法摆平,达成一个共同的认识。[①]

在上述案例中,体现出我国司法传统的现代延续,也体现出一分为三的三套体系:带有成文法典和官家法庭的正式司法体制,由通过宗族/社区调解解决争端的根深蒂固的习惯性做法构成的非正式司法体系,以及在两者之间的第三领域。

在中国民间纠纷中,相当一部分经由正式司法体制与非正式司法体制的交互作用而在中途获得了解决。实现此种方式解决的机制是在地方官员意见与社区/宗族调解之间的一种半制度化的交流。诉讼一旦提出,一般都会促使社区/宗族加紧调解的工作。同时,地方官员依常规会对当事人提出的每一诉讼、反诉与请求做出某种评断。这些评断意见被公布、宣读或者告知给当事人,从而在寻求和解的协商中很有影响。反过来,地方官员也并不愿意事态发展到开庭判案的地步,故而对已达成的和解办法一般都予以接受。经此途径形成的和解办法既不应当被等同于正式法庭的裁决,也不应当被等同于非正式的社区/宗族调解,因为它们将正式与非正式的两种司法体制都包括到一种谈判协商的关系之中。地方官员的审案意见一般是遵从成文法典中制定法的指导,而民间调解者则主要关心如何讲和与相互让步。

在上述案例中,矛盾确实化解在基层了。然而,这则案例体现出传统

---

① 根据重庆卫视《特别关注》栏目的《浙江诸暨化解矛盾举重若轻》视频资料整理,标题为著者所加,行文有所改动。

"臣民社会"的"集体无意识",而非现代社会基于交往理性而达成的"重叠共识"。更重要的是,村民作为个体之所以能够达成和解,根本上在于村民自治组织中有着共同的利益。

在上述案例中,村民代表确实作为"中间方""中立方"发挥了和解的作用,从而将事情"弄平"(或曰"摆平")。但是值得追问的是,这是基于什么样的前提?从答案中不难发现,那就是村民代表作为"领导干部"的权威。在村民眼里,"你们"是领导干部,我们是"小老百姓",这是不言自明的"集体无意识"。坦率地讲,无论是"枫桥经验""和事佬",还是"老娘舅",其对具体事情的处理艺术值得赞扬。然而,不能局限于为了解决问题而解决问题。解决问题的过程,需要伴随理性主体参与共同治理的民主法治进程。

在传统社会,人们之间是依赖性的关系,"我"没有成为真正的权利主体因此而服从于"权力",化解矛盾纠纷的途径是行使权力权威,这或可称之为虚假共同体时代;在现代社会,人因拥有对于权利主张的合法性而具有独立性,"我"作为权利主体而获得了解放,但也容易陷入"单子式的个人",这或可称之为前共同体时代;伴随着中国特色社会主义事业推进,"我们"处于传统与现代的交错中,同时处于将共产主义设定为远大目标的社会主义初级阶段。在这样的阶段,当是公民之"我"在场,矛盾的双方是"我–你"关系,"我们"对事件有着共识。"咱们"一起创造公益事业,为未来迈向真正的共同体时代积聚力量。

二、民间调解依赖"媒介镜像"

浙江卫视的《钱塘老娘舅》节目,是一档全国首创民间纠纷当场"摆平"栏目。旨在通过从民间寻找的热心公正、敢于直言的"老娘舅",凭借其最质朴、真实的市井语言,为老百姓调解纠纷化解矛盾。

案例　家庭纠纷

丈夫在外工作,妻子在家做家务。妻子闲暇之余,经常到外面赌博,欠了不少债务。丈夫经常动手打妻子,夫妻关系紧张,"老娘舅"(媒体)介入调解。

妻子:"前几天打得(感情)破裂了,他把我往死里打,我现在不会跟他在一起过了。"

丈夫:"你做错了,我肯定要那个了。我没办法,逼得我打你。"

老娘舅:"你往死里打,造成她的心理阴影。问题解决不了,矛盾更加激化,钱也拿不回来,夫妻感情又破裂。你说打造成什么后果? 就造成这四大后果。你说值不值得?"

丈夫:"这个道理我都知道的,人家说冲动是魔鬼,都知道的这个道理。现在我不会打了。"

妻子:"不可能不打的,不可能的! 跟他在一起,肯定是要打的。就是要跟他离掉!"

老娘舅:"他这个钱,这么辛苦地赚来,要养你,要养小孩,多不容易啊! 钱这么好赚的啊? ……我看就这样。"(欲离开)

妻子(拦住老娘舅):"拿张纸来让老娘舅写好,然后我们两个就分开了。"

丈夫:"也帮我写一张。用一支笔在一张纸上写下来,她说我打她,我也对着镜头说,浙江省这么多人在看,我这个是不好的,动手打人也是不好的。"

老娘舅对女方说(总结):"这是挽救家庭的一个正确态度,你不要蛮不讲理,人在激动的时候,在想不通的时候,他会做出一种极端的方式。但一旦冷静下来之后,他会反思我以前的极端方式是不是错了。"①

不难发现,包括本案例在内的"老娘舅"调解方式,很大程度上依赖于长者权威及媒体曝光。但是,发生纠纷的双方并未着眼于未来,并未真正认识到事业的交会点。

著者认为,经过几十年的发展和经验积累,着力化解纠纷、解决问题的"枫桥经验",应提升事业共同体构建,将枫桥等区域社群建设成为社群人(包括外来务工人员)"做事的地方",进而引领全国中国特色社会主义事业的推进。

---

① 根据浙江卫视《钱塘老娘舅》栏目的《冲动的魔鬼和打好的包裹》视频资料整理。(http://www.cztv.com/s/2010/laonj/m1/2010/12/2010-12-31436942.htm)标题为著者所加。

三、民事调解需要公益关怀

案例 邻里矛盾

2009年6月初，浙江省杭州市萧山区衙前镇衙前村建立了全国首个农村"和事佬"协会，以此作为人民调解的补充和延伸。截至2011年5月，萧山全区已建立"和事佬"协会566个，发展会员3485名。协会成立至今，共预防化解各类矛盾4066起，与人民调解组织联合调解3271起。

来萧经商的安徽人冯某在衙前镇衙前村租了一家店铺，经营小吃生意。每天凌晨4点左右，他都会开着一辆18匹马力的柴油农用车进出载货。柴油车发出的噪音，严重影响到附近村民的正常休息。村民们多次与冯某协商均未果，气愤之下他们决定集体上访。村里的两位"和事佬"得知这一情况后，主动介入调解。经"和事佬"多次上门调解，冯某最终答应一星期内另寻租处，并检讨先前与人沟通不良等方面的不足。

衙前村"和事佬"协会戴会长在接受记者采访时说："我们的作用就是当老娘舅，打圆场，当好信息员、调解员和宣传员。"他们的主要职责是调解村、社区内的群众纠纷，走访居民群众，了解掌握社情民意，向村、社区党组织传递信息，做好信息收集、反馈等工作；向居民群众宣传政策、法律法规，提高居民素质，促进社会和谐。①

在上述案例中，如果仅仅叫冯某"另寻租处"，不仅是把矛盾推给了其他社群，而且他的事业受阻了，所在社群的便利也不复存在。

将公益仅仅诉诸道德情感的激发，缺乏公民作为权利与义务主体的自觉意识，可以说是上述案例的共同特征。而"我"作为权利主体之在，恰恰是参与公益的前提。按照原本是"我"应该享有的基本权利出发，但其理论推演形成这样的结果：没有无义务的权利。真正的理性主体，是通过尽义务行使个体权利。这种义务不是外在强迫，而是"我"为实现个人权利的理性自觉。这种理性主体是现代社会的基石，开启这种理性主体应成为公民教育

---

① 《杭州成立首个"和事佬"协会 草根调解力量正规化》，人民网，2019年4月25日，http://look.people.com.cn/GB/9647615.html。

的重点内容。正如俞可平提出,"追求和创造幸福生活既是公民自己的责任,也是其基本权利。公民有权对政府提出追求幸福生活的正当主张,但公民在追求自己的幸福生活时也必须承担相应的义务和责任"。[①]

第三节　公益教育理性主体亟待出场

在某种意义上讲,中国特色社会主义事业是全体人民共同参与的公益事业,是一切为了人民利益的公益事业。《习近平谈治国理政》指出,要发挥国家治理体系和治理能力的独特优势,把党和国家机关、企事业单位、人民团体、社会组织等的工作能力都提高起来。一方面,随着社会发展以及公民参与意识的增强,呼唤与之相适应的公益治理。权利与义务在理论上固然可以并重,但在现实社会中权利与义务是一对矛盾。从反面来讲,受市场经济负面效应的消极影响,实用主义、功利主义、拜金主义等极端个人主义有泛滥之势。没有权利主体不行,放纵主体私利也不行,在鼓励公民参与的前提下加强公益治理势在必行。任何事业都要由人来完成,培育符合时代进步潮流的现代公民,事关社会主义现代化建设事业的兴衰成败。

一、参与公益就是爱的代价?

案例　志愿者的代价

家住淮河最大支流沙颍河岸边的霍岱珊爱好摄影,1998年初到沙颍河边拍到很多死鱼。他不禁产生疑问:为什么有关部门宣布淮河治污已经达标,可河水污染还这么严重呢?他还发现,紧靠沙颍河的一些村癌症患者剧增,中学生不堪臭气侵袭戴口罩上课。从此,他以镜头做武器,辞了工作,花尽20多万元的家庭积蓄,注册成立了淮河水系生态环境科学研究中心,募集环保志愿者参与,希望形成全流域性的公众监督网络。

---

① 俞可平:《论国家治理现代化》(修订版),社会科学文献出版社2015年版,第73页。

洞庭湖畔也有一位类似霍岱珊的环保志愿者——张建设。在政府没有投资一分钱的情况下,张建设带着儿子义务清扫洞庭湖,至今回收废机油300多吨,从湖底清出炸弹60多枚,打捞出140吨浓硫酸。[①]

案例的主人公为保护环境做出了贡献,但是也付出了沉重的个人代价。在公民课堂教学中,应启发学生思考:如何避免公民个人牺牲、孤军奋战乃至牺牲个人权利,以更好的方式保护环境呢?(学生可能会做出如下回答:运用法律,监督污染企业;向政府环保部门反映,监督政府行为等。教师要加以综合分析和有效引导。)

教师不仅要启发学生的公民意识,更要帮助他们提高公民技能及实践能力。可以在"第二课堂"或大学生实践活动课中,将学生分成几个活动小组,针对当地实际展开调研,例如可以开展如何保护本地母亲河的活动。环境小组可以寻找污染源头,追问到底是什么在污染水源,以及对人们有何危害。法律小组可以研究存在哪些有关环境的法律,并将法律付诸实施;如果法律有不完善的地方,思考应该怎样去完善。政府小组可以研究有哪些政府部门负责保护环境,政府在哪些方面还需要改进。……最后,各个小组可以将自己的研究成果以调查报告、论文或多媒体等形式展示出来,并为决策部门提供参考。

促进公共事业、公共事务、公共福利的发展,是作为公民应尽的义务,同时也是在争取公民权利。但是,促进公益很多时候是协商的结果。个人的力量总归是有限的,要学会与各种利益部门、政府协商,以及公民之间也要相互协商。公民切实参与活动保护环境,尽管不那么容易,但有利于提升我们的公民意识、培育公民责任感和培养公民实践能力。

二、公益就是"与人为善"?

在现代多元社会里,社会成员之间不可避免地会发生利益冲突。只有通过协商,才能合理而有效化解纠纷。在课堂教学中,灌输式教学固不可

---

① 《小人物昭示"新民德"——草根群体引领"道德中国"复兴》,和讯网,2008年1月28日,http://news.hexun.com/2008-01-28/103311372.html。

取,单纯的情感激发亦非良策。试看如下教学案例。

课例　与人为善

年级(科目):初二年级(思想品德课)

教师以歌曲《爱的奉献》导入,进而给出大标题:善良是一颗真诚广博的爱心。整个课堂教学便以爱心为中心展开。……

想一想:"我们如何理解真正意义上的善良?"(投影)

学生甲:"善良是不图回报的,是一心为他人着想。"

学生乙:"善良应该超越亲人、朋友的界限,对陌生人同样看待。"

学生丙(质疑):"可是从小父母就教导我们说,不要随便和陌生人搭话。"

教师:"当然,父母的顾虑是有道理的,因为身为未成年人,必须加强自我保护能力。但是,如果每个人都'事不关己,高高挂起',那么,我们的社会就会越来越冷漠。而只要人人都奉献出一点爱,世界将变成温暖的人间。"

欣赏:歌曲《爱的奉献》。①

在上述"问答式"课堂教学中,教师以"标准答案"总结,最终让学生沉浸于激发情感的《爱的奉献》。这或可奏一时之课堂教学效果,但从根本来讲,此教师并未认清"与人为善"的宗旨乃是为了公益,也未采取恰当的教学策略帮助学生将"与人为善"落到实处。著者认为可做如下改进:一方面,在教学理念上,教师应把握"与人为善"的理论基础脉络,针对学生的问题做出相应回答——在陌生人的社会里(罗尔斯预设了"相互冷淡的理性"和"无知之幕"),需要平等的规则;在熟人社会里(麦金太尔预设了持有共同目标的社群),需要仁爱、友善乃至无私奉献;人类社会经历从熟悉到陌生再到熟悉的发展历程,也就是马克思所讲的从群体依赖性社会到个体独立性社会再到类体自由性社会。另一方面,理论的争鸣要求在实践中化解。因此在教学策略上,教师应结合学生特点,创设逼真情境,帮助学生学会与他人(包括陌生人)乃至政府职能部门协商。这才能真正将"与人为善"落到实处,这才是公益教育的正途。

------

① 尤杉莉:《"与人为善"教学设计》,《思想政治课教学》2007年第2期,第55页。

三、公益需要理性公民参与

今日之中国,已由封闭半封闭之中国,变为开放之中国。我们每一个中国人,都面临着走出家庭与血缘共同体、情感共同体,进入更大范围的公共空间的可能。因此,必须将公民教育的公共性、现实性、理性、教育性等理念贯注于公益教育中。

公民教育不是无"我"的教育,也不是唯"我"的教育。当代中国公民教育,必须坚定不移地反对无"我"的教育。坚定权利主体的"我"在是公民教育的前提,开启理性主体的我"思"是公民教育的重点,促成理性权利主体沟通的"我"言是公民教育的有效途径。公民教育应构建"我在·我思·我言"的三位一体,培育出学会参与公益的现代公民。正如桑德尔所指出的,什么是"公益"是一个规范性问题,这关乎道德真相,取决于道德推理而不是政治权力。而由谁来定义公益是个实证问题,取决于谁当权。

公益教育应通过培养有能力理性参与公益的公民,达成社会和谐之目的。公益教育不能怂恿学生放纵个人私利。权利有着合理与合法的限度,否则某人(群体)权利的实现就是对他人(群体)权利的损害。何谓"合理""合法"? 这不是某个人、某群人的意志所决定的,而是社会每个公民、各利益群体在协商的过程中所创生的。

第三章
参与式公益的公民教育理念探寻

西方文化是由两大历史传统即古希腊罗马传统和基督教传统融合而成,公益参与有"古希腊罗马传统"和"基督教传统"这两大渊源。及至近现代,民主自由成为西方核心价值观。随着时代发展,各种公民教育思潮竞相迸发。在政治哲学领域,有自由主义与共和主义两大政治哲学流派,公民教育也涌现出自由主义与共和主义两大思潮。前者强调个人权利优先,后者强调公共利益优先。探寻参与式公益的公民教育理念,可以发现"社群"(community,或译为"共同体")、"正义"(justice)、"共同善"(common good)、平等权利(equal rights)等范畴。通过上述范畴的勾连,可以梳理出社群是参与公益的重要场域、参与公益是为了正义与共同善、学生公民作为主体参与治理等公民教育命题。

第一节 社群是参与公益的重要场域

社群是有较为一致群体意识的稳定的群体结构,其成员有一致的行为规范、持续的互动关系,成员之间通过分工协作从而具有一致行动的能力。社群主义的社群,既不同于自由主义的个人及其工具性社群,也不同于传统共和主义的共同体,而是介于个人与共同体之间,寻找二者的平衡。正如《负责任的社群主义政纲:权利与责任》(*The Responsive,Communitarian Platform Rights and Responsibilities*,1991年由50余名学者和政治家在美国发表)所言:离开相互依赖和交叠的各种社群,无论是人类的存在还是个人的自由都不可能维持很久。除非其成员为了共同的目标而贡献其才能、兴趣和资源,否则所有社群都不能持久。排他性地追求个人利益必然损害我们所赖以存在的社会环境,破坏我们共同的民主自治实验。因为这些原因,我们认为没有一种社群主义的世界观,个人的权利就不能长久保存。社群主义既承认个人的尊严,又承认人类存在的社会性……从教育社会学角度来看,社群研究涉及学校组织中群体及群体间的互动关系,如教师群体、学生群体、师生互动等。研究发现,西方参与式公益突出在社群中融入"个我"与"他我",当代公民教育强调通过社群开展公民教育,在"社群服务学习"中参与公益成为一大亮点。

一、公益即在社群中融入"个我"与"他我"

法国思想家托克维尔曾指出,"地方性自由"可以使大多数公民注重与邻里和亲友之间的情谊,化相互隔离为彼此协作,甚至"迫使"他们互相帮助:"使一个人放弃自我然后去关心整个国家的命运并不容易,因为国家的命运会给他个人的境遇带来影响,这一点他不是太理解。但是,如果要修筑一条公路通到他的家园,他立刻就会知道他的大私事与这件小公事之间存在的关系,而且不需要别人告诉他,他就会立马发现个人利益和整体利益之间存在的紧密关系。所以,如果让公民们少管大事多管小事,他们反而会关心公益,并且感到必须不断地互相帮助去实现公益。"[①]

西方自20世纪60年代以来,特别是20世纪90年代以后,为了实现精简政府机构的目的,越来越多的本应由各级政府机构负责提供的社群公共服务,都较多地由"第三部门"来承担。譬如,美国各个社群的居民也可直接参与社群管理,主要通过参加社群会议、社群听证会和竞选社群专业委员会委

---

① 托克维尔:《论美国的民主》,张杨译,湖南文艺出版社2011年版,第386页。

员等方式来参与。

案例　透明议事

政治过程中有一个有趣的现象,许多决策过程是公开的。联邦的参议院与众议院的开会和辩论过程是公开的,电视现场转播,闲人可入,坐在指定的席位上旁听。所有议员投票的结果也是公开的,电子显示牌将自动显示每个人的投票立场,一目了然。州政府的开会和辩论情况与联邦议会一样。我在马里兰州的议会会场观察过,有旁听席和电子显示牌。地方政府一级,公开办公也是惯例。开门办公一般是在议事性的机构里。县一级政府,由于设置有所不同,不敢说全美一样。我参加了一次爱荷华州约翰逊县的县委员会召开的开门议事会议。……

第一项是审议出售财产的问题。共三件,两件很快就通过了。对第三件争论激烈。大致情况如此:根据法律规定,每个拥有地产和房产的人都必须付财产税,如果不付税,政府有权没收财产并出售。出售得来的钱抵财产税。这是一条非常厉害的法律,人们不能不缴纳财产税。当日审议的问题就是在这个范围内。有一个人建造一所房子,造到一半大概没有资金造不下去了。但他得为这所房子付财产税,他付不出。政府没收了他的这所房子,公开出售。他的一位老朋友准备出两千美元买下这所房子,然后还给他,以解决这个问题。另外一对青年夫妇住在这所未建成的房子的旁边,认为这所房子太不安全,小孩子到那里去玩,容易出危险,想买下这所房子并拆毁它。他们答应出一千美元。争论就在这几个人中间进行。房产所有者发言解释他的情况,他的朋友站在好友的立场辩护;青年妇女则站在自己的立场辩护。各自还有一两个邻居为其讲话。经过较长时间的辩论,委员们表决。由审计员依次叫每个委员的名字,同意的说"yes",不同意的说"no"。表决结果由审计员记录在案。投票结果为青年夫妇胜。县委委员会议宁要一千美元不要两千美元,可能是觉得房产所有者十一年不付财产税,不能让他拥有这份财产。如果选择两千美元,结果是房产拥有人拥有房子,又不出十一年中欠下的房产税。……

政治的运转,很大一部分在地方政治。地方政治的正常运转,是整个制度运转的基础。每个普通公民对政治系统的看法往往首先来自离他最近的

政治机构的运转。县政的议事过程,使人觉得透明度很高。自然,他们也有
自己的办法来通过他们想通过或不想让听众知道的事项。表决必须是公开
的,但他们可以讲非常专业的语言,以非常快的速度进行表决。人们称之为
"railroad"(铁路),意即"开快车",人们还没有反应过来,就已经通过了。①

　　通过上述案例可以发现,与倡导公民直接参与政治不同的是,西方参与
式公益中的社群参与实践更突出透明性、地方性、公益性。

　　西方参与式公益注重在社群中实现"个我"与"他我"的统一,也有着当
代政治思潮之影响因素。以亚里士多德为代表的古代政治哲学,既强调公
民是城邦政治的参与者,也强调以德性为中心的共同善。西方当代政治哲
学分化为自由主义与社群主义,前者强调"权利"优先于"善",后者强调"善"
优先于"权利"。加拿大学者威尔·金里卡指出:"在共同体主义的社会里,
'公益'被想象成一种关于优良生活的实质观念,并由它来界定共同体的'生
活方式'。"②另一位加拿大学者查尔斯·泰勒认为,个体主义与共同体主义的
长期之争,很大程度上纠结于"倾向性问题"(advocacy issues)。而如果上
升到"本体论",即从"原子论"(atomism)走向"整体论"(holism),便可实现
二者在方法层面的互通。有学者对此论证道:"我并不能孤立地,而只能通
过部分公开部分隐蔽的对话和协商,来发现我的特性。……我自己的特性
本质上依赖于我与他人的对话关系。"③

　　研究发现,"权利"与"善"、"个体"与"共同体"在参与公益中往往相提并
论,若干国家的公民教育虽然一方面强调保障公民权利的重要性,但也不同
程度地突出立足社群场域参与公益。

二、通过社群开展公民教育

　　教育家杜威认为,应加强通过学校教育所获得的知识与社会活动或职

---

　　① 王沪宁:《美国反对美国》,上海文艺出版社1991年版,第245页,第247页。
　　② Will Kymlicka. *Contemporary Political Philosophy*. New York:Oxford
University Press,2002,p.220.
　　③ 韩震:《后自由主义的一种话语》,刘军宁等主编:《自由与共同体》,生活·读书·
新知三联书店1997年版,第15—23页。

业之间的联结,除非以当地的社群为媒介,否则公民的智能便不能得到充分的发挥——所谓公民德性,就是一个人能够通过在人生一切职务中和别人的交往,使自己充分地、适当地成为他所能成为的人。在《民主主义与教育》一书中,他指出了参与共同生活的重要性:"民主主义不仅是一种政府形式,它首先是一种联合生活的方式,是一种共同交流经验的方式。人们参与一种有共同利益的事时,每个人必须使自己的行动参照别人的行动,必须考虑别人的行动,使自己的行动有意义和有方向。……一个人光做好人还不够,他还必须做一个有用的好人。所谓做一个有用的好人,就是他能生活得像一个社会成员,在和别人的共同生活中,他对社会的贡献和他所得到的好处能保持平衡。"[①]

西方公民学者威尔顿将在社群中养成的公民素养作为公民教育的重要组成部分,而具备这种公民素养则是为了公益:"对于一个安全和富有效率的社会环境而言,其责任并不单单由议会来承担,也不单单由市议会、警方或学校来承担。这是一项社会责任,它要取决于我们每个人的所作所为,即取决于我们这个民主社会中的公民成员的所作所为。民主社会的公民在一种集体精神之下,为了公益而一起奋斗。"[②]公民教育学者麦卡特尼认为,"社群参与是一个包罗万象的术语,它可以指公民个体形式的参与,也可以指群体参与。它聚焦于培养学生获得有关共同体或政治体制的知识,并在此基础上寻求解决社群问题之道。因此,学生公民与社群成员一道,通过共同探讨有关政治社会的议题,探索问题解决的方式,从而促进共同体福祉。……学生通过对社区的细微了解达成对政治体制或政治议题的理解,有助于掌握有关美国民主的知识与技能,保持社会参与的动力与信心,从而发展为有

---

① 约翰·杜威:《民主主义与教育》,王承绪译,人民教育出版社2001年版,第9、378页。

② 大卫·威尔顿:《美国中小学社会课教学策略》,吴玉军译,华夏出版社2004年版,第32页。

能力的公民。"[①]在一些公民教育研究者看来,参与社群的学习机会有助于培养"参与式公民"(participatory citizen)——这种公民能够在地方、州和国家各个层面,积极参与公民事务和特定共同体的社会生活。

研究发现,西方公民教育将社群作为公民参与公益的重要场域。

在美国社会科"十大主题轴"中,有多处将社群作为公民参与的重要载体。在"个体、群体与机构"(individuals,groups,and institution)这一"主题轴"中,提出社群是形成个人身份的重要载体:"应该给予青少年公民审视影响他们思想和生活的社会机构的各种机会。他们应该在辨识各种充满张力的价值取向或目标原则的过程中获得帮助——譬如,是否应该在学校里设置糖果机以为当地社群医院筹集善款……"[②]在"公民意识与实践"(civic ideals and pratices)这一"主题轴"中发出追问:"在地方社群、国家共同体与世界共同体中,公民个体应该扮演怎样的角色? ……高年级公民在识别社会需要与参与公共政策调整中行使公民权利与承担公民责任,并致力于获得个体尊严与参与公益。他们通过参与社群服务学习和参加政治活动等的途径,实现上述目标。"[③]

英国现行公民教育蓝本《克里克报告》将积极参与作为其重点强调的公民资格理念。值得注意的是,《克里克报告》强调积极参与和民主密切关联,民主生活的关键在于人们都成为理智的和积极参与的公民。因为人们知道越多,参与越多,就越有可能参与到类似选举的活动以及各自所在社群的公民活动中来。英国前教育大臣戴维·布兰克特(David Blunkett)亦指出,"公民教育对于复兴和维系积极的民主社会至关重要,必须提供机会让年轻人理解何谓民主,理解政府是如何开展工作的,并鼓励他们积极参与社会生

---

① Alison Rios Millett McCartney. *Teaching Civic Engagement: Debates, Definitions, Benefits and Challenges*. Alison Rios Millett McCartney, Elizabeth A. Bennion and Dick Simpson. *Teaching Civic Engagement: From Student to Active Citizen*. Washington. DC: American Political Science Association,2013,pp. 13-14.

② Natsonal Council of the Scocial Studies. *Expectations of Excellence: Curriculum Standards for Social Studies*,Maryland:NCSS. 1996,p25.

③ Ibid. ,p30.

活。公民对社区事务的积极参与,既是公民实现权利的保障,也有助于形成对社区的认同,进而上升为对民族国家的认同。"①

在法国,学校公民教育不是简单的说教,而是培养能够以批判的态度积极参与社群生活的自由与自主的公民的一种学习过程。法国教育部关于公民、法制与社会教育的课程大纲规定,学生可以依据其知识行使其公民资格,但这一知识是由学生在个体与社群的探寻中获得的。自小学三年级开始的公民教育课中,每周要平均利用一课时在不同学科课程中解释有关公民教育的问题,用半课时进行专题讨论。在公民教育中,学生要学习做本市镇公民,学习做法国公民。②

参与社群主要通过项目进行,其过程是关注社会问题,协商社会问题,解决社会问题。在这个过程中,成员之间通过合作、交流和反思,提高民主素质。罗杰·霍尔兹沃思指出:在澳大利亚,学生参与包括学校管理和课程两个领域,而参与课程项目包括社区发展项目、社区研究与行动项目。社区发展项目包括:(1)跨年龄指导或同龄人指导(cross-age or peer tutoring):学生可以在本校或附近学校,或在托儿所之类的社区机构开展,教育其他学生;(2)宣传媒体产品:学生办社区报纸、指导手册、资源指南、广播电视节目或口述历史;(3)通过企事业教育创造就业机会。社群研究与行动项目是学生针对社群面临的问题,开展调查并采取行动,包括:(1)学生对社会问题(如年轻人无家可归等)主动展开研究,撰写研究报告,提议开展社区活动;(2)学生对环境的研究;(3)学生担当医疗卫生等项目的评估员。③

无论是学校的民主建设还是参与社群,都是经验的过程。按照杜威的观点,这种有目的教学设计活动,须合乎两个标准:即经验的连续性和交互性:"经验的连续性原则意味着,每种经验既从过去经验中采纳了某些东西,

---

① 乐先莲:《英国公民资格观及其在公民教育中的实践》,《比较教育研究》2014年第10期,第17页。
② 王小飞:《比较公民教育:范型与变革》,广东教育出版社2015年版,第173—174页。
③ 罗杰·霍尔兹沃思:《为青年创造真正有价值的学校》,《教育展望》2001年第3期,第72—74页。

同时又以某种方式改变未来经验的性质。……交互性指个人和各种事物以及个人和其他人之间进行着的交互作用。"①合乎这两条原则才可能培养学生民主所需的品质。当代西方公民教育通过社群参与实践,强调参与式民主的审慎、协商,强调公共决策中的公众讨论,突出培养学生商谈能力与达成共识技能。

三、在"社群服务学习"中参与公益

通过学生在社群参与公益的服务活动改善地方生活,也是公民教育的重要方式。正如杜威所说:"学生学习公民课,如果纯粹从教科书的一般原理出发,那么课程的应用性和适应性就会大大削弱,但是如果通过地方调查和改进地方设施来学习公民课,就无疑能影响地方生活。与此同时,社会也能感受到学校在地方上的效用。"②因此,民主的学校也应具备社会改良的性质,成为社会改良的机构,成为培养社会精神的动力,这样学校就成为一个民主的社会,真正地反映社会的各种状况。

英国社区服务志愿者组织(CSV)的公民资质教育主任约翰·波特则将服务学习称为在社区中的积极学习。这种学习将年轻人有益于他人的活动与相关的课程结合起来,以便从经验中学习社会技能和批判性思考的能力。因为社区学习与课程的学习,构成教育的整体,因而不仅有助于课程的教学,而且有利于促进学生的目的意识、独立性、自我理解与信任、领导技能、归属感和积极的个人价值等的提升。③总的来说,服务学习是提供参与社区的机会,将社区服务与课程学习相结合,提高合作、交流等社会技能、思维的批判性等,增强社区意识。英国社区服务志愿者组织(CSV)在组织参与社群方面,有着丰富的经验。为积累学生的参与经验,发展学生的公民能力,采

---

① 杜威:《我们怎样思维·经验和教育》,姜文闵译,人民教育出版社1991年版,第256页。

② 杜威:《学校与社会·明日之学校》,赵详麟、任钟印、吴志宏译,人民教育出版社2005年版,第318页。

③ James Arthur, Daniel Wright. *Teaching Citizenship in the Secondary School*. California: David Fulton Publishers, 2001, p. 86.

取4个步骤:(1)准备工作,包括学生行为定向;(2)行动,即直接经验;(3)思考,发展学生的批判技能;(4)总结,对学生的学习努力做出一定程度的认可。①

美国教育改革服务学习联合会提出,服务学习由5部分组成:

(1)预备:学生发现社区问题,并制订满足社群需要的发展计划。

(2)合作:学生和当地社区结成伙伴关系,共同解决社区问题。

(3)服务:学生实施有助于社区的服务计划。

(4)课程统合:为解决社区问题,学生综合运用在学校所学的知识。

(5)反思:学生对所从事的社区服务工作进行反思、讨论和写作。②

服务学习是通过社区参与成就公民资质,参与的水平直接决定公民资格的状况。只有不断提高参与水平,才能提高学生的民主素质和对社群的责任感。教育学者罗杰·哈特的"参与阶梯"是当前比较有影响的社群参与理论,该理论既可以帮助提高服务学习的水平,也可以提升学生对社群的理解。哈特把参与水平分为8个阶梯,学生由不理解其意义的不完全参与,到在成人的指导下参与,再到依靠自己的知识和能力独立发起、执行参与社区的计划,实现真正的参与。具体阶梯如下——

(1)操作:学生按成人所建议的做或说,他们对问题没有真正的理解,成人要求孩子思考什么,但不告诉他们什么影响最终的决定。

(2)扮演:学生只是参加某项活动,如唱歌、跳舞和穿T恤衫,但不真正理解活动的意义。

(3)象征:要求学生表达他们对问题的思考,但无须选择表达这些观点的方式和范围。

(4)指导但告知:成人决定某项计划,让学生自愿去做。学生理解该项计划,知道谁决定他们的参与和为什么参与。成人尊重他们的观点。

---

① James Arthur,Jon Davison,Experiential Learning. *Social Literacy and the Curriculum.* David Scott,Helen Lawson. Ed. *Citizenship Education and the Curriculum.* Westport,CT.:Ablex Publishing,2002,pp.39-40.

② 单玉:《"服务学习"与负责公民的生成》,《外国中小学教育》2004年第3期,第48—49页。

(5)咨询且告知：成人设计和管理某一项目，但向学生咨询。学生完全理解过程，严肃对待他们的意见。

(6)成人提议但与学生共同决定：成人提出最初的想法，但学生参与每一步的计划和执行，成人不仅考虑他们的观点，还让他们参与决策。

(7)学生建议但受成人指导：学生提出最初的想法，决定项目如何执行。成人可指导但不对该项目负责。

(8)学生提议但与成人共同决定：学生有自己的思想，设计服务项目，邀请成人加入，与他们共同决策。①

学生参与社区的公益活动，更多地被称为服务学习或以社区为基础的学习。美国服务学习是"学生不断参与有组织的与课堂学习相关的且满足社区需要的服务活动，并通过日记、课堂讨论等经验活动，把服务经验与课程内容以及公民责任等方面的个人成长联系起来。"②下面是美国Warsaw中学的一个社区服务案例——

案例　在社会科课程中进行社区服务学习

该中学初中二年级的学生参与了一项旨在提高学校所在社区生活质量的社区服务计划。

首先，教师在课堂上与学生讨论为什么要参与到提高社区生活质量、改善社区环境的社区活动中去。在课堂上，教师鼓励学生说出自己真实的想法和观点。事实上，学生一开始对参与这项计划的反应并不一致，如"我们为什么要为其他人做事情？""我们从中能够得到什么？""这样会耽误学习吗？"教师没有指责任何学生，而是在学生发表完他们的意见后，启发学生，使学生逐步明白参与这样的计划会有效地改善周围的环境，使社区中的人们生活得更加幸福和快乐。当服务计划得到了认可之后，具体的目标如何确立呢？教师并没有给出具体的方案和措施，而是让学生组成一个委员会，由大家分头去调查社区的具体情况。一个星期后，学生们带回了不同的方

---

① Liam Geraon. Ed. *Learning to Teach Citizenship in the Secondary School. Routledge Falmer.* London：Taylor & Francis Ltd.，2014，pp. 208-209.

② Anne Colby et al，Educating Citizens. *Preparing America's Undergraduates for Lives of Moral and Civic Responsibility.* New York：Jossy-Bass，2003，p. 134.

案,经过委员会的讨论,他们决定为社区的养老院修建花园。该项计划是基于学生的意愿提出来的。但是马上又出现了新的问题,即谁来支付该项计划的费用? 在老师的帮助下,他们从网上和图书馆查阅资料,发现通过集资和募捐的方式有可能获得支持他们计划的资金。学生们感觉到自己并不孤立,然而集资和募捐并不是一件容易的事情,需要详细的筹备过程。学生们进行了分工,每个人担任不同的角色来完成计划的各个部分:填表格、为该项计划起名字、设计一花园、与养老院联系等等。学生去附近的公司,寻找社区的邻居,向他们陈述自己的计划,试图说服他们捐款,并在学校内开展了"美化我们家园的活动"。这些都需要展现他们的社会活动技能和知识。在募集到款项且一切准备工作就绪后,在一个周末,全班学生都亲自参与了花园的修建。附近的居民也认识到了学生们的工作对于社区的意义,也积极参与修建花园的工作。他们和学生相互影响,告诉学生他们是多么感动和快乐。活动结束后,大家开了一个联欢会,并且拿着工具合影留念。计划完成后,每个学生都在课堂上做了一篇报告,讲述了自己的感受和对自己的评价,并最终写了一篇文章。

教师根据学生在活动中的表现和论文完成情况给出了成绩,并将成绩记录在册。通过这次活动,许多学生都意识到了服务社区的重要性,在活动中对自己更加有信心,学会了合作、妥协和宽容。而且,大多数学生决定假期继续在社区养老院工作。[①]

在上述案例中,在教师的精心组织和合理规划下,学生们由一开始的犹疑到最后积极地、全身心地参与到社群服务中,这促进了学生责任感的培养,树立了学生服务社会的意识,对培养学生参与公益的意识和能力起到了积极的作用。

---

① 王文岚:《社会科课程中的公民教育研究》,博士学位论文,西北师范大学教育学院,2004年,第140—141页。

第二节　参与公益是为了正义与共同善

共同善是西方传统公益思想的价值取向,正义是参与公益的现代价值取向,当代公益价值取向展现正义与共同善的双重维度,上述价值理念在公民教育课程中得到了相当程度的体现。

一、正义:参与公益的现代价值取向

近代社会的根本特点是每个人都成了独立的利益主体,个人自由选择成了人们必须承担的命运。于是社会成了个人追求自己目的的公共空间,追求自己事业的成功、生活的幸福成为个人自主、自由的领域。人们要求社会的就是提供法律秩序、抵御外敌,即保障内外安全。人群的离散,也使得人们的价值观念变得多元化,从而很难有统一的善观念。于是,人们对制度本身只有一种要求,那就是保卫人们的自由平等地位,并给公民确立公平地获取利益的规则体系。所以,善成为人们自由选择的对象,而制度的正当性则要求取得前提性地位。所以,在近代伦理思维中,正义与美德的分离是必然的,这种分离表现在以下几个方面:(1)构建具有正义性价值的制度成为一项首要任务,它不通过参照美德、福利和其他的善来独立地制定。(2)这主要是通过对人的存在本质进行理智抽象来达到的。因而,其所在的立场是一种非个人(impersonal)立场。(3)赋予人们以抽象的基本权利。(4)所关注的美德是与所设计的政治制度相适应的情感、欲望品质。个人美德成为次要的关注对象,并受到基本的政治性的前提价值的审核。(5)正义原则是独立的,美德则是依附于正义原则的。

正义在近现代社会中具有重要价值地位,乃至出现了"正当"与"善"的分离。罗纳德·德沃金(Ronald Dworkin)在《平等与良善生活》一文中指出柏拉图将公正作为"硬参数"的论断——"一旦我们以清醒的头脑确定了真正良善的生活的条件,我们也许会在很大程度上赞成柏拉图的观点:公正是伦理学的一个硬参数,受到不公正的国家中的不幸状况玷污的生活,不可能

得到救赎。"①罗尔斯(John Rawls)的《正义论》是探讨公正的经典之作,其中开篇提出:"正义是社会制度的首要美德……基于正义,每个人都拥有不可侵犯的权利,即便以总体社会福利之名亦不能僭越。因此,正义拒斥为了某些人更大的利益剥夺另一些人的自由,亦不承认强势群体所获得的较大利益额能够冲抵另一群体为之付出的代价。因此,在一个公正的社会里,必先设定平等的公民资质,公民理所当然地享有与之相匹配的各项自由……"②

公正在美国社会中是缠绕不清的问题,也是当代美国学者热议的话题。尽管罗尔斯的公正理论有各种反对声音——来自自由主义阵营内部的,如罗伯特·诺齐克(Robert Nozick)的《无政府、国家与乌托邦》;来自外部共同体主义的,如麦金太尔的《谁之正义? 何种合理性?》。但是,上述人物及著述仍对公正葆有高度关切(如提出"持有的正义""基于共同善的公正"等命题)。

在日益"组织化"的时代,公正面临诸多问题及困境。

桑德尔(Michael J. Sandel)继其代表作《自由主义与正义的局限》之后,在新近著作《民主的不满:美国在寻求一种公共哲学》一书中指出:"尽管我们可以拒绝去问公正的含义是什么以及良善生活的本质是什么之类的终极问题,但无法逃避的是,我们一直生活在对这些问题的某种回答之中——我们践行着某种理论——一直如此。"③大卫·米勒则在《公民资质与国家认同》一书中,将公正视角拓展到全球,并就"全球公正"(global justice)进行了伦理追问:"我们每个个体不顾文化背景、公民资质以及居住地点,对其他个体亏欠了什么? 如果我们不想被判为不公正,应该如何对待他们? ……我认为,构建全球公正首先需要的是从普世的角度审视个体之间的责任担当——尽管个体带着国家与集体的印记。"④美国耶鲁大学法学院

---

① 罗纳德·德沃金:《至上的美德》,冯克利译,凤凰出版传媒集团2008年版,第278—279页。

② John Rwals. *A Theory of Justice* (Revised Edition). Cambridge, Massachusetts:The Belknap Press of Harvard University Press,1999,p.3.

③ 迈克尔·桑德尔:《民主的不满:美国在寻求一种公共哲学》,曾纪茂译. 凤凰出版传媒集团2008年版,前言。

④ David Miller. Citizenship and Nationality Identity. Cambridge, Massachusetts: Polity Press,2000,p.174.

教授彼得·H. 舒克(Peter H. Schuck)在《公民资质与国家政策》一文中,就"合法永久居民"(LPRs, legal permanent resident immigrants)的权利保障问题进行特别探讨,并指出"合法永久居民"仍面临着下列限制:"选举权,在联邦法院以及一些地方法院参与陪审团服务的权利,竞选某些高级选举型职位以及竞争一些高级选拔性职位的权利,等等。"①

西方教育学界以及公民教育界,从不同角度对公正主题表达了深切关照。

譬如,美国社会科的两部重要文献《全美社会科课程标准》和《全美公民与政府课程标准》均涉及公正主题。《全美社会科课程标准》确立的"美国社会科十大主题轴"的第六条主线"权力、权威与治理"中,发出了追问:"怎样才算是一个公正的社会?"并要求学生达到对权利、义务与权力之间关系的深层理解,期待学生通过学习能够做到:"……分析阐释各种理念和机制之优劣,这些理念和机制涉及满足公民的需要和需求、调控势力范围、化解冲突、建立秩序与安全以及如何构建平衡相互冲突的观念的公正社会。"②《全美公民与政府课程标准》则将公正(justice)与共同善(common good)相提并论,并纳入美国民主的价值体系之中。不仅如此,该标准还提出了将二者勾连在一起的行动建议:"学生必须得知,为了维护自己的权利,就必须对维护他人权利负责,哪怕彼此之间并无好感。"③

就美国高校课程的公正主题教育而言,美国伊格内修斯大学(Ignatius University)依托"顶点课程"设立服务学习项目,将课程资源与服务社群、个人责任及社会公正结合起来。就美国教育学领域公正主题研究而言,有教育学者主张通过社会公正教育以及多元文化教育——"尤其是在社会科课堂,必须为珍视差异性留出地盘,从而支撑涵盖一切学生的社会

---

① Peter H. Schuck. *Citizenship and Nationality Policy*. Cambridge, Massachusetts: The New Americans, 2008, p. 47.

② National Council for the Social Studies. *Expectations of Excellence: Curriculum Standards for Social Studies*. Maryland: NCSS, 1996, p. 127.

③ Center for Civic Education. *National Standards for Civics and Governmet*. California: Center for Civic Education, 1994, p. 27.

公正。"①这类学者反对任何种类歧视,表达出教育学者对公正主题的深刻
致思。

二、正义与共同善:当代公益价值取向的双重维度

然而,正是因为"正当"与"善"的分离,导致无法形成对"善"的共识,如
麦金太尔所说的"一连串的失败",或者马克思所说的更深刻的"理性王国的
破产""一幅令人极度失望的讽刺画"——休谟和斯密的所谓"同情"不过是
一种哲学上的虚构而已;康德力图在纯粹理性上确立道德,并寄希望于"善
良意志";克尔凯郭尔则否认这两种可能性,并把道德建立在无标准的基本
选择上……。这表明,近代以来的道德缺乏任何可通约性,从而无法为道德
行为提供合理辨明。

正因如此,当代西方学者试图重新将"正当"与"善"结合起来考量。譬
如,在罗尔斯的《正义论》等著作中,提出了"基于正义的公益思想"(common
good idea of justice")、"基于正义的公益观念"(common cood conception
of justice)、"以基于正义的公益观念为指导"(guided by common cood
idea of justice)等命题,并在"相互合作"而非"原子式个体"的环境下确
立正义原则。而社会主义者则勾勒出共同体观念的丰富图景:桑德尔基于
"构成性观念"(constitutive conception)的情感型共同体,麦金太尔基于
亚里士多德"德性"(virtue)传统的地方性共同体,泰勒基于重释黑格尔自
由概念的国家共同体,以及沃尔泽基于公民资格的政治共同体,等等。

共同体主义的另外一位代表人物迈克尔·桑德尔(Michael J. Sandel)
一方面认为,世界主义伦理有缺陷,世界主义公民是空想;另一方面,他又提
出"共同体与政治体的多重复合"作为世界愿景,希望实现共同体与政治体
的多重复合。在一定意义上,共同体主义是开放的,"共同善"需要全人类各
群体的思想智慧通过对话去构建。共同体主义对"独白式"的"共同善"理论
进行抨击,并试图开拓另外一种进路,主张"共同善先于个人权利"。

---

① Susan Adler. *Critical Issues in Social Studies*. Charlotte:Information
age publishing,2004,p. 117.

其实，自由主义与共同体主义二者"殊途同归"。查尔斯·泰勒(Charles Taylor)在《各说各话：自由主义与社群主义之争》一文中指出，自由主义与社群主义长期之争之症结，在于很大程度上纠结于"倾向性问题"(advocacy issues)。[①]而如果上升到"本体论问题"(ontological issues)高度，将"共同善"作为共同价值，两种理论之间在某种层面可以实现互通。

案例　从"单向给予"到"双向参与"的公益理念[②]

法国的救助机构数量繁多，进行归类并划分，可分为公立救助机构、教堂慈善协会和民间救助组织三种类型。其中，教堂慈善协会、民间救助组织以及"大食堂"项目较有启发意义。例如"大食堂"项目发现失去家庭、漂泊街头的贫困者是因缺乏技能，很难获得长期稳定的工作之后，立即尝试将传统的食品援助方式从单向给予转成双向参与，使受众参加食品原料生产、加工、贮存、销售等环节。凡是内心喜欢并能坚持参与的受众，都有可能被训练成手艺精熟的面包师、专业知识丰富的保管员或者是热情周到的店员。有一技之长的受众基本都能找到稳定工作。另外，"大食堂"还有针对性地开办了爱心温室、爱心电脑中心和爱心合唱团等，向贫困家庭提供主流生活环境，使他们更加贴近现代生活。

上面这则案例体现出分配正义于共同善之中的参与式公益理念，被救助者也在参与共同体事业之中提升自身素养，从而在社会群体关爱中成长为有担当的"积极公民"。

三、"正义"与"共同善"的公益理念在公民教育课程中展开

综合西方政治哲学观点，公民有双重身份：在政治国家中，公民拥有"权利"，承担"义务"；在现代社会中，公民作为"个体"参与"共同体"。权利"与"义务"有矛盾，"个体"与"共同体"有张力，教育界承担着寻求平衡的使命。

---

① Charles Taylor, Cross-purpose. The Liberal-Communitarian Debate, in Debates in Contemporary Political Philosophy: An Anthology. New York: Routledge in Association with the Open Univertity,2003.

② 左永仁、朱龙英、张齐安：《法国、德国的救助管理工作》，《社会福利》2007年第11期，第52页。

当前,美国公民教育整体上注重在个体与共同体、个人权利与共同体之间寻求平衡,公益成为公民教育的核心话语。

在美国,社会科学习是公民教育的重要途径。《全美社会科课程标准》在全国范围内发挥着重大影响。其中将正义与公益均作为重要范畴,并对"公益"做出如下规定——第一,"公益"是美利坚合众国最重要的理念之一,可界定为:"社会全体成员和社群的公共福祉。"①第二,所有公民均应树立"公益"观念:"在民主共和制度下,当所有公民都意识到'公益'的旨趣以及'公益'教育的目的,乃是为了促进'学生-公民'智力和道德发展,那么年轻人将很快承担起公民角色,这样'公益'便可实现。"②第三,实施公民教育乃是教育者的道德义务之一:"我们的责任,是尊重和支持个体的尊严、社群的康健以及整个社会的'公益'。"③从中可看出,公益之中涵容着维护彼此尊严的正义维度。

美国公民教育中心制定的《全美公民与政府课程标准》,是公民教育的经典文献,其中将正义与公益相提并论,对"公益"做出如下规定:第一,美国人必须晓得,"政府是他们的公仆而非主人,政府的基本宗旨是保障个人权利和促进'公益'"。④第二,促进"公益"是政府存在的必要条件之一,"美国政府的基本原则是保障个人权利,以及促进'公益'"。⑤第三,此"标准"提出一个极为重要的公民教育论题:美国公民教育意味着什么? 答曰:既要能维护个人权利,同时能够负责任地帮助他人实现权利,这就要求参与"公益"。从中也可看出,公益之中涵容着相互实现权利的正义之维。

美国HM版社会科教科书早在1997年版的前言(总纲)中即指出:"HM版社会科旨在促进有教养的公民发展——具备知识、技能和公民价值观的个

---

① National Council for the Social Studies. *Expectations of Excellence: Curriculum Standards for Social Studies*. Maryland:Ncss,1996,p.5.

②③ National Council for the Social Studies. Expectations of Excellence: Curriculum Standards for Social Studies. Maryland:Ncss,1996,p.6.

④ Center for Civic Education. *National Standards for Civics and Government*. Californiap:Center for Civic Education,1994,p.217.

⑤ Center for Civic Education. *National Standards for Civics and Government*. Californiap:Center for Civic Education,1994,p.17.

人。他们需要成为21世纪积极而富有建设性的参与者。"①其中在《我知道一个地方》(*I Know A Place*)这一册第二单元中,强调了参与城镇(town)、邻里(neighborhood)、社群(community)等共同体的重要性。美国哈佛大学教学参考书《美国政府》(*American Government*)一书中,提出一切政治都是集体行为的集体行动、通过制度化路径解决集体行为问题、所有的政治结果都是个体选择与程序规制的结果等政治原则。②上述种种,隐含着在构建共同体中促进正义与共同善的教育路径。

课例　树立公正的良善

蒂普·希门尼斯(Tip Jimenez)是九年级公民课程负责人。在组织"经济部分"课堂教学活动过程中,他不仅帮助学生认识到美国与其他国家存在着经济的相互依赖关系,还试图帮助学生意识到在这种关系中存在着对其他国家劳工的"剥削"。并且进一步追问:什么是剥削? 反对"剥削"与维护"人权"有何关系?

蒂普与学生们分享了社会政治激进团体"岩石中的蜜浆"(Sweet Honey in the Rock)创作的歌词。这首歌主题是从一个美国人在百货商店购买女T恤衫,追溯到遍布全球的农业生产、工业劳动力以及资源网络。这首歌旨在警醒世人:自己的消费行为,可能构成掠夺劳动力和资源的"共犯"。这首歌最后发出"我们的手是干净的吗?"的追问,强调了我们的需要和欲望是如何以他人的牺牲为代价的。在接下来的环节中,蒂普让学生们查看自己所穿的衣服和鞋子,并判断其来源国。然后,要求学生通过图表的形式描绘数据,从而直观地呈现服装产业的主要贸易伙伴。其中最重要的是如何准确反映各国(包括美国)工资水平,并建立起数据库。该数据库用来比较世界各地的工资水平以及生活成本,从而呼应导入阶段的歌词含义。

蒂普以准确性、相关性以及通用性为标准对学生进行考核,并强化他们

---

① Houghton Mifflin Social Studies. *I Know A Palce*(teacher's edition), Boston:Houghton Mifflin co.,1997,pp.8 - 11.

② Theodore J. Lowi,Benjamin Ginsverg,Kenneth A. Shepsle. *American Government*. New York:Norton & Company,2008,p.10.

运用数据生成探究性问题的能力。①

上述案例通过具体的课堂教学,启发了学生面向实践的理性慎思,反映了"正义"与"共同善"的二维公民教育目标:立足现实生活世界、通过切实社会实践构建全球公正——"通过树立'世界一定会变得更好'的信念,通过赋予实际地改变世界的手段,我们就可以培育起每一个人的、种种不同群体的乃至地球规模的责任感。"②

公益不仅是一种客观存在,也需要通过实践去构建。通过对西方公民教育课程的综合研究发现,引导学生参与构建各种形式的共同体,是学校公民促进公益的重要路径。

第三节　学生公民作为主体参与公益

20世纪70年代末以来,西方发达资本主义国家实行政府改革,"重塑政府运动""企业型政府""政府新模式""市场化政府"等引起了极大的社会反响。1980年,撒切尔政府推行以缩小政府规模和进行"财政管理创新"为中心的改革,其后的梅杰政府("公民宪章运动")、布莱尔政府("第三条道路")继续推进政府改革,进一步发挥市场化作用;新西兰则在1988年开始以"政府部门法案"为蓝本的改革;加拿大在1989年成立"管理发展中心",并于次年发表题为"加拿大公共服务2000"的政府改革指导性纲领;美国于1993年成立"国家绩效评估委员会"用来指导政府改革,后于1998年更名为"重塑政府国家伙伴委员会"(National Partnership for Reinventing Government)。这些改革的重要特征,就是发挥市场等多元主体在公共服务领域中的作用,积极提升政府的管理能力和公共服务能力。通过对国外公民教育尤其是发达国家的公民教育的研究发现,学校教育非常重视学生公民的参与,在参与公益中着力将学生视为参与治理主体,学生主体参与社会

---

① National Council for the Social Studies. *Expectations of Excellence: Curriculum Standards for Social Studies.* Maryland:NCSS,1996,pp.136-137.

② 钟启泉:《现代课程论》,上海教育出版社2003年版,第200页。

治理从而成为参与式公益的重要特色。

一、学生公民参与公益的背景

学生公民参与公益，有着"新公民参与运动"、市民社会理论复兴和社群主义（共同体主义）社会政治思潮兴起等历史与时代背景。

20世纪80年代以来，新公共管理理论提出了公共管理主体多元化的主张：公共事务的治理主体绝非只有政府一家——其他非政府公共组织、社会团体、企业、社区乃至公民个体也可以在一定的制度框架内成为社会管理主体。学生公民参与公益，不仅形成了个人权利与义务的实践场域，亦形成一种独特的公共空间。在此空间内，公民们参与政治性、公共性活动，担当着监督者和促进者之角色。同理，学校公民参与公益营造着特定公共空间。在此空间中，青少年公民们学会相互尊重、形成群体认同、习得交往技能进而养成公民资质。

而西方现当代思想家有关公民参与共同体的思想，为公民参与社会管理以及参与社群事务提供着思想理论背景。

共同体主义代表人物麦金太尔强调，通过一定的人类协作性活动方式的实践，在此过程中养成内在的公民德性："所谓德性，是一种获得性人类品质，这种德性的拥有和践行，使我们能够获得实践的内在利益。"[①]美国政治哲学家罗尔斯（John Rawls）在《正义论》中，开篇即将公民参与良序社会构建的资质作为其理论的重要出发点："当正义原则得以实现之时，所有人都是平等的公民，所有人也就都拥有了自己的地位。在此意义上，（关于正义的）总体观点依系公民资质来界定。"[②]其后，罗尔斯进一步明确了公民资质所表达的公民基本社会政治关系："公民资质表达了作为自由平等的公民以

[①] A. 麦金太尔：《德性之后》，龚群、戴扬译，中国社会科学出版社1995年版，第241页。

[②] John Rawls. *A Theory of Justice* (Revised Edition). Cambridge, Massachusetts:The Belknap Press Of Harvard University Press,1999,pp.3,82.

集合主体的方式行使权力的关系。"①从而强调公民之间相互承认主体资格，在特定社群中共担社会责任。英国政治学者大卫·米勒(David Miller)则提出"共和公民资质观"(the republican conception of citizenship)："通过政治探讨与决策，公民在通向未来之路的过程中作为特定主体扮演积极角色，从而实现对政治社群的身份认同。"②

犹太裔美国政治理论家阿伦特将公民共和主义带入对公民教育问题的思考。阿伦特认为，教育的本质在于新生性(natalität)，即人因出生而来到世界这一事实。这就意味着这些新人尚未完成其价值，因此还处于一种尚未认识世界的形成状态。而世界在这些新人出生之前就已存在，而且在他们死后还继续存在。因此，世界优先于这些新人。但是，世界也必须通过这些新人而不断更新，否则就会毁灭。故此，尽管这些"新人"是未完成的——不具有完全理性，还不能平等协商和讨论公共领域特别是政治领域的问题，但是需要通过教育帮助他们了解他们将要参与的这个世界的真实面目。③

二、学生主体参与公益的课程规定

研究发现，西方有关公民教育的一些课程标准对学校公民参与社群管理做出了相关规定。

《全美社会科课程标准》明确社会科教育的重要目的是培育公民参与"公共善"的资质："在一个相互依存的世界中，培养年轻人为了公共善而做出合情合理决策的能力，从而帮助他们成为在具有文化多样性的民主社会里成长的公民。"④而为了达到此目的，社会科必须具备与众不同的诸多特质，其中之一便是学生们能够在民主共和制度中承担公民职责。《全美公民

---

① John Rawls. *Political Liberalism*. New York:Columbia University Press, 1996,p.xliii.

② David Miller. *Citizenship and National Identity*. Cambridge,Massachusetts: Polity Press,2000,p.11.

③ 彭正梅：《迈向批判与保守的辩证：德国公民教育的理论考察》，《全球教育展望》2012年第12期，第35页。

④ National Council for the Social Studies. *Expectations of Excellence: Curriculum Standards for Social Studies*. Maryland:NCSS,1996,p.3.

与政府课程标准》将所有学生都能参与社会政治和展示良好公民资质作为公民教育的重要目标。其中,着力强调学校承担着培养公民参与社会治理能力的使命:"在参与社会政治过程中有效的责任担当,有赖于拥有完备的公民参与知识和公民参与技能。进而言之,在公民们的性情熏陶和品质培养过程中,个体参与政治发展进程的能力得以提高,从而为政治体制改进和社会健康发展做出贡献。"[1]

美英两国的公民教育既有差异性,又有同质性。美国学者阿尔蒙德等指出,在英国与美国这两个比较稳定和成功的民主国家,存在着维护稳定的民主程序的一种政治态度的模式和一整套隐含的社会态度。在其《公民文化》一书中,作者指出:这两个国家的政治文化近似于公民文化。根据2000年颁布的英国中小学国家课程标准,公民科成为基础学科之一。不难发现,英国的公民教育也非常注重学生对社会公益的参与性。

小学阶段(Key stage 1,2)课程的总体目标是:培养自信与责任,充分发展能力,为实践主动的公民职责做好准备,培养与发展一种健康与安全的生活模式,发展良好的关系与尊敬人与人之间的差异。

第一阶段(5—7岁)的总体要求:了解自我及社区中的自我,构建自我关于个人社会与情感发展的早期经验;学习保持健康与安全的社会行为的基本规则与技能,为学生创造展示自律的机遇,了解他人的感受、观点、需要与权利;作为学校与班级中的一员,学生要学习基本的社会技能,如分享、排队、游戏、帮助他人解决简单的争议与抵制恃强凌弱的行为等;能够在学校与邻里生活中担负起积极和主动的职责。

第二阶段(7—11岁):了解成长中的自我,及作为社区中一员的经验与思想;拓展对社会与世界的认识,了解社会成员之间的相互依赖性;发展社会公正感、道德责任,理解自我的选择与行为对地方、国家与全球事务或政治与社会制度的影响;参与学校与社区的活动,正确面对即将到来的青春期的变化,为进入中学做好准备;学习在面对自我健康或环境发生变化时,做

---

① Center for Civic Education. *National Standards for Civics and Government.* California:Center for Civic Education,1994,p.1.

出更为自信与明智的选择;在学习和与恃强凌弱行为做斗争的过程中,承担起更多的个体或群体责任。

中学阶段(Key stage 3,4)课程的总体要求是:培养有教养公民所应具备的知识与理解力,培养探究与交流的技能;发展参与和负责任行动的技能。

第三阶段(11—14岁):学习、思考和讨论当代热点政治、精神、道德、社会与文化主题、问题与事件;认识和学习影响他们的生活与社会的法律、政治、宗教社会与经济制度或体系;积极地参与到学校社区与更为广阔的社会生活中,继续学习如何更为有效地参与公共生活;学习和理解公平、社会正义,尊重学校、地方、国家及全球范围内的民主与多元,并通过主动参与社区活动学习承担自我的责任。

第四阶段(14—16岁):继续学习、思考和讨论当代热点政治、精神、道德、社会与文化主题、问题与事件;研究影响其生活和社区的法律、政治、宗教、社会与经济体制及系统,密切关注其运行情况和影响;继续积极参与学校生活、邻里生活和更广泛的社会生活,以对公共生活具有更大的影响力;更多地重视批判意识和评价能力;对诸如公平、社会正义、民主和多样性有更多的了解,参与社区活动,发展知识、技能和理解。①

虽然日本在“二战”前后的公民教育的目的发生了很大变化,但有一点仍然被坚持下来,即强调公民积极主动参与国家社会事务。日本现代公民教育的目的就是培养国家、社会所需要的合格公民。合格公民有积极的生活态度,有参与政治的热情,并能与其他公民和社会组织合作。日本公民教育强调要理解个人自由和平等的真正含义,自主参与共同生活,并树立不惜献身和贡献的态度。好公民不同于“好人”。好公民是在对国家社会的态度上,是在参与政治活动、维护自身权益上体现出来的。好公民首先是成熟的社会人。

三、学生公民参与公益的教育途径

研究发现,西方发达国家比较进步的学校,都极力塑造民主的文化和精

---

① 王晓飞:《比较公民教育:范型与变革》,广东教育出版社2015年版,第106—108页。

神气质,让学校生活充满尊重、正义与共同善。如美国科尔伯格所追求的"正义共同体",旨在塑造高度民主、自我规范的学生群体,亦即所谓"学校中的学校"。爱尔兰的罗里托天主教女校以公正、和平的哲学为学校文化的基础,并将这种精神贯穿学校的方方面面。美国纽约的贝克莱·卡罗尔学校通过伦理案例的讨论,提高全校师生、家长和行政人员的伦理意识,从而创建伦理的学校。日本教育界人士强调"好公民"不是通过知识的死记硬背就可以获得的,而是需要通过个体在参与公益及学校事务的公民学习感受中逐渐形成。日本一些学校师生认为最重要的公民教育的学习场所是学校事件(活动):"通过这些活动(学校节日或旅行),学生学习到了人际关系方面的知识,这样将有利于他们的成长。……学校节日中游行服装的准备过程很好,因为这使整个班级变得团结,使我们有了参与感。"[1]

学校的民主参与基本包括两方面:一方面,让学生参与学校管理。学生在校务委员会、课程委员会以及地区理事会等机构任职;学生创办各种组织,如学生代表委员会、初级学校委员会等。在这些机构和组织中,学生可以开展讨论和辩论,并就他们面临的问题决定自己的立场,通过这些方面的参与提高公民素养。德国、丹麦、意大利的学生就参与有关课程内容、纪律、教材和学习的组织等方面的协商。另一方面,鼓励创办学生社团。在英国,学生委员会提供着诸如选举、代表他人意见、竞选、参与正式会议、汇报等民主过程的经验。在高等教育中,学生社团也是积累学生民主经验的重要途径。

案例　共同创造"民主的地方"

德国不同的州会选择不同的模式进行教育。通常是州立教育研究所等研究机构向学校提出相关建议并实施培训,还帮助联系那些跟本校进行相同项目的学校,便于进行必要的合作和交流。在"教科""项目学习"等模式中,不少学校将选举、政治等作为学习主题。例如,发放问卷调查青少年的政治倾向或实施模拟选举等。也有不少学校选择南北问题、环境问题等社

---

[1] Ostu K. *Recent Developments in Civic Education: the Case of Japan.* Cogan JJ, et al. Eds. *Civic Education in the Asia - Pacific Region: Case Studies Across Six Societies.* London and New York: Routledge Falmer, 2002, pp. 83 - 84.

会问题作为学习内容。以下为北莱茵-威斯特法伦州(Nordrhein-westfalen)一所学校的"民主的地方——学校"实践个案。

北莱茵-威斯特法伦州的移民较多,在校生中也有很多具有国外血缘背景。为此,锡恩市实科学校(Realschule)实施"民主的地方——学校"项目,积极促进学生参与学校决策活动,使移民学生尽快融入学校。在该校,学生参与活动的机会不仅来自班会、学生会,还有"同伴小组"专门协调学生的吵架、冲突等事件,为此先培训8名教师,然后再培训学生成为吵架协调员。2005年,平均每个班级有5名学生接受了吵架协调员的培训。

移民学生也积极参与活动。在该校,库尔德裔学生担任学生会主席,所有班级开展半年一次的"民主主义与整合"活动,令各种国籍的学生自主探讨国家和国民的整合问题。防止暴力的调解活动、异文化之间的学习等都是BLK项目的重要实施途径。①

通过上述案例可以发现,参与公益的深层含义是对学生"赋权"。学生不仅是学校管理的对象,也是学校管理的主体。学生今日是"吵架协调员",未来才能更好地应对社会矛盾。一项在美国的研究表明,"学校在通向公民参与的道路上可以发挥十分重要的作用,决定积极公民素质的是如何办学,而不是在学校里教些什么"。②

进而言之,民主政体意味着"民有、民治、民享"。在教育家杜威看来,"在训练人方面,学校是一个小小的社会,一个民主的社会"。③要做到这些,就必须把学校改造成为民主的学校,让学生通过参与学校的民主建设获得做公民的经验。学校要给学生以自由,在培养参与政府管理的品质时,让他们能够控制身体、运用自由,以及发展诸如主动性、独立性和善于应变的能力等积极公民品性。

---

① 《德国公民教育:从政治教育到公民教育》,新浪博客,2014年3月22日,http://blog.sina.com.cn/s/blog_71b201e70101tq7v.html。

② 罗杰·霍尔兹沃思:《为青年创造有真正价值的学校》,《教育展望》2001年第3期,第71页。

③ 杜威:《学校与社会·明日之学校》,赵详麟等译,人民教育出版社2005年版,第308页。

第四章
参与式公益的公民教育实践借鉴

　　公益理论需要转化为教育实践。正如有学者指出："现实中,更多群体反映的不是公意,而是众意。"[①]"众意"容易引发私人利益之争,而"公意"则需要达成"交叠共识"。研究发现,国外公民教育尤其是西方发达国家公民教育,注重培养学生在协商中参与公益的能力,并旨在通过立足共同体,实现养成公民资质的公民教育目标。

第一节　参与公益的教育路径:协商[②]

　　研究发现,西方公民教育非常重视公益教育,但往往将其与个人权利一道提出。这既是对西方自由主义核心价值观的一种继承,同时也为教育者在操作层面上提出了课题——如何避免顾此失彼？如何将权利与义务统筹兼顾？在自由主义传统根深蒂固、崇尚个人权利的国家,如何处理好公益与个人权利之间的矛盾？为此,西方公民教育往往试图在个人权利与群体利

----

　　① 冯建军:《社群主义的教育公正观》,《外国教育研究》2007年第6期,第202页。
　　② 于希勇:《在协商中实现公益——美国公益教育的启示》,《比较教育研究》2008年第11期,第47—50页。

益的张力中寻求平衡,帮助学生学会在协商中实现公益。在此意义上,公益不是少数人的独白,亦非"多数人的暴政"。真正的公益,在某种程度上意味着公众的人生经验与少数人的洞识力得以在共和国的公共机构中结合起来。而这种结合不是自然产生的,因此在共和国内部需要一种对话机制,甚至需要某种政治议事机构(body politic),从而达成最大可能接近有利于全体人利益的共识。而要达成此种共识,就需要运用"中道的理性"进行协商。所谓协商,乃是指双方得以发现其利益联结点的一种公民讨论过程(civic process)。

一、通过协商参与制定公共规制

研究发现,在英美法等发达国家学校教育中,要求学生参与班级管理与学校事务,在此过程中培养学生的协商能力。譬如,法国于2015年6月公布的义务教育阶段小学和初中"新道德与公民教育课程"(enseignement moral et civique,简称EMC课程)中,确立了"情感表达与尊重他人""规则与法律""批判与辨别""责任、参与与主动精神"四个维度为法国学生道德与公民学科核心素养。[①]而在有的国家,甚至从小学阶段开始,班级同学便集体讨论制定班级规章制度,自发组织班级或全校范围的辩论,设计与生活密切的主题活动周。学生通过参与讨论班级和学校的会议,评价和改进一些政策,如反对欺侮、主张机会均等的政策与实践等。进入中学以后,学生会更多地参与到学校事务的管理之中。

案例　制定规则

教学目标

学生能够找出规则的优点和缺点及其理由;在解决问题时,能在不同的方案中进行选择,并练习做出决策。

教学过程

教师呈现问题:学校操场上有一块地方,许多同学都抢着在那里玩,结

---

① 赵明辉、杨秀莲:《法国义务教育新道德与公民教育课程:内容、特点及启示》,《外国中小学教育》2018年第4期,第20页。

果经常有人受伤。在这节课里,同学们围绕如何合理地解决这个问题,展开讨论。

呈现学校提出的两种可行规则:第一种:只允许高年级的学生在那里玩,低年级的学生在操场上的另一块地方(但是那里的条件不怎么好)玩。第二种:只有那些能够证明自己是好公民的学生才能够在那块地方玩。给那些在班上学习努力和遵守纪律的学生发一个徽章,没有徽章的学生则不能进入。

展开讨论,并结合下面问题思考:

这两种规则各有什么好处?

你认为哪些人会赞同它们?

你认为这两条规则可以解决学生受伤的问题吗?

每一条规则又会带来什么问题?

你认为这是一条公平的规则吗?

讨论完后,请学生再提出其他建议,并提醒他们要考虑到公平的问题。[①]

在上述案例中,教师提醒学生思考如何制定公平的规则,启发学生可以从自己的立场与相关人员进行协商,从而制定有利于各方的游戏规则。

二、通过协商参与公共问题的解决

美国学者大卫·米勒(David Miller)根据德国思想家哈贝马斯(Jürgen Habermas)的交往行为理论指出:"就协商的本义而言,其目标是达成共识,而这最起码有两种途径——一种是双方认可共同的规则,此规则又恰好适切正在研讨的案例;另一种是双方对程序达成共识,该程序依系双方争议的特定诉求而定。"[②]美国学者理查德·C.博克斯根据公民对公共事务的态度,将公民参与者划分为搭便车者、守门者和积极公民三种类型,并认

---

① 萨维奇、阿姆斯特朗:《小学社会课的有效教学》,廖珊,等译,中国轻工业出版社2003年版,第60—61页。

② David Miller. *Citizenship and National Identity*. Cambridge,Massachusetts: Polity Press,2000,p.11.

为在公民治理模式下培育"积极公民",是创造真正的自我治理和决策的公民治理的关键。①

研究发现,协商是发达国家公民参与的题中应有之义。在此意义上,"协商的"(deliberative)即"审慎的",公民参与是积极公民的实践构图,理性主体参与是公民资质教育的要义之一。

案例　模拟磋商

教学目标

能够分析美国的经济变化如何促进了西进运动;认识到《印第安移民法案》对早期西部移民的影响,以及对今日美国土著民的影响;通过模拟磋商,体验磋商技能。

教学过程

教师提出问题:移民者的目的是什么? 土著民的目的是什么? 当二者目的发生冲突时,是如何解决的?

学生分成三个小组——美国土著部落、移民者和印第安人代理机关。

印第安人小组:决定在选择保留地时,提出什么样的要求;

移民者:提出自己的需要;

印第安人代理机关:帮助双方进行协商,从而尽量达成协议。②

在上述案例中,教师将目光回溯到历史上曾经存在的文明冲突,教师通过指导学生角色扮演的教学方法,旨在让学生体会只有通过协商,各民族(种族)才能在同一块国土上和平共处。

在一些教育学者看来,在课堂教学中帮助学生学会协商,关乎民主制度的根基。由此,公益教育也往往采取帮助孩子们学会协商的形式。教育学者沃尔特·C.帕克将公民教育分为六个方面,而其中最基本的方面是"协商":"当孩子们在游乐场或教室里,接着在学习中或在小组里通过解释、倾听、协商和原谅来讨论解决彼此之间的分歧时,他们正迅速地向民主公民迈

---

① 苟欢:《论现代社区治理中的民主追求、悖论与进路——兼评理查德·C.博克斯的"公民治理"理论》,《甘肃行政学院学报》2018年第3期,第67页。

② 于希勇:《美国社会科公益教育研究》,硕士学位论文,华东师范大学教育科学学院,2008年。

进。"①

三、通过协商参与社会公共治理

在西方发达国家,鼓励学生参与实际的选举活动。例如,英国内政部推行"通过选举学习"(learning from election)项目,开展中学生的公民权责教育。"通过选举学习"包括向学生介绍英国宪法和选举制度,指导学生如何参与竞选活动,并给学生提供各种参选机会,如参与班级、学校甚至各种正式的政治选举等。学生通过参与选举活动获得很好的实践锻炼机会。在候选人竞选活动中,学生可以了解和探索诸如环境保护、城市交通、大众媒体等社会生活问题。②而在有的国家,学生本身作为秉持公益精神的"社会管理者",参与到公共治理过程中。

案例 与地方政府一道促进公益

教学目标:探讨社群政府的目的;描述两种类型的社群政府;列出不同政府机关及其作用;理解政府官员及人民解决其所在社群问题的各种方式。

教学过程:

派特·布雷莎望着瓦尔福特湖公园的游乐场,很长时间没人在那里玩了。派特知道是怎么回事:秋千和滑梯坏掉了。

"为什么没人来修呢?"派特问爸爸。

"这要花很多钱,政府可能没钱来购买新滑梯。"

"一定要想办法建一个新游乐场。"派特说,"我们找谁呢?"

"建一个新游乐场可不是那么容易的。我们不得不告诉政府,到底什么东西出问题了——政府管这事。"爸爸说。

"什么是政府? 为什么要它管?"……

(旁白:政府有一项重要工作:规划公共设施,服务社群人民。城镇中的人民需要优质公共设施——公路、学校和公园,修建一个新游乐场就是其中

---

① 沃尔特·C. 帕克:《美国小学社会与公民教育》12版,谢竹艳译,凤凰出版集团、江苏教育出版社2006年版,第64页。

② 乐先莲:《英国公民资格观及其在公民教育中的实践》,《比较教育研究》2014年第10期,第18页。

之一。政府领导者必须就如何使用税款做出决策。一个城市可能没钱换新公交车,那么就只好修理旧车;一个城市可能没钱修所有的公路,那么就只好修交通要道。)

派特的社区没有多余的钱来修新游乐场。但派特和他的爸爸已经想好了一个主意。他们找负责公园的部门人员谈了,恰巧后者也一直酝酿着如何修建游乐场。他们经过商量达成了一项计划。公园周围的人负责完成这项计划。他们负责筹款,每一个人都将为建造新游乐场做贡献。政府工作人员帮助人们找到了瓦格纳女士,这位建筑师从事为房屋或公园画图纸的工作。孩子们告诉了瓦格纳女士他们喜欢的游乐场类型,于是她画出了所有规划图。然后,政府拨款购买秋千和滑梯,其他人也捐了钱。而剩下的钱由派特一家和邻居们提供,他们通过洗车、收集零钱、售卖 T 恤衫来筹措。最后,这片土地清理完毕,秋千和滑梯也建成了。五天之后,游乐场工程竣工。每个人都参加了游乐场开放日的聚会。这个公园与众不同,因为它是政府领导者和社群人民共同劳动的结晶。①

上述案例揭示出:作为公民既不应对公共设施的损坏无动于衷,也不能一味地埋怨政府,而应与政府和其他公民协商一道参与公益。

当然,必须指出的是,美国等西方发达国家公民教育之所以注重通过协商参与公益,与其社会一直处于"两难境地"紧密相关,如个人信仰与社会规则、争取权利与遵守法律、文化多样与文化融合、个人自由与国家安全等的两难。因此,没有绝对的个人权利,也没有绝对的国家利益。(新)自由主义追寻正义的规则,但现实社会中并无固定的准则可以遵循(即便是宪法也是在不断修正);社群主义推行群体成员彼此关爱,但是仍是社会过程中的一种向往。在更多情况下,公益往往通过社会成员之间或群体之间的协商来实现。

① Houghton Mifflin Social Studies. *From Sea to Shining Sea*(teacher's edition). Boston:Houghton Mifflin co.,1997,pp. 218 - 223.

第二节　参与公益的教育载体：共同体

公益并非简单地与人为善、助人为乐，而是蕴含着公民参与的理念。促进公益不是"你-我-他"利益的简单相加，而是实现共同体成员的利益重叠或命运勾连。研究发现，参与式公益是面对特定共同体现实问题的积极公民回应，构建共同体是促进公益的重要载体。总的来说，西方参与式公益教育注重引导学生在"公民-社群-政府"共同体的良性互动过程中促进公益。

一、在构建情感共同体中促进公益

一般认为，西方发达国家以个体为本位。但是，个体与共同体不可分割。教育家杜威（John Dewey）提出，要在与他人的共同生活实践中贯彻教育的道德价值："一个人光做好人还不够，他还必须做一个有用的好人。所谓做一个有用的好人，就是他能生活得像一个社会成员，在和别人的共同生活中，他对社会的贡献和他所得到的好处能保持平衡。"[1]譬如，美国在学校公民教育中，要求通过帮助学生了解家庭、学校、政府、公民团体及宗教组织等机构，使其掌握个体组织为群体的架构方式以及个体与共同体的构建方式，从而树立美国核心价值观。在社会科课堂教学中，强调以个体为圆心划出"同心圆"，将个体发展与共同体公益相勾连。

课例　爱心联结

在一年级早会（morning meeting）的课堂里，苏珊·奥布莱恩和学生们一道探讨共同体事务。学生们把他们想要提出的系列问题，做成一份清单。在教师的指导下，大家一致得出结论：共同体超越了学校乃至市镇的界限。学生们纷纷举例证明个体的发展，与共同体事务有着紧密关联。

---

① 约翰·杜威：《民主主义与教育》，王承绪译，人民教育出版社2001年版，第95—96页。

事实上，学校里的高年级学生已经发起了"爱心树"（"The Giving Tree"，直译为"给予树"）项目，为村镇避难所里的个人或家庭送上生日礼物。可是，一年级的学生们想要寻找一种与众不同的服务项目。他们回想起自己刚入学时的新书包里，塞满了学校提供的各种学习用品。于是，他们决定收集学习用品，把捐赠而来的背包塞满，并以"爱心树"的名义提供给避难所里的学生。大家在参与这次服务计划时带着兴奋的心情，为背包募捐制作海报，并配上图片。他们把制作完成的海报在黑板上展示，并张贴在学校的走廊里，从而鼓舞其他同学积极参与这项活动。……

为了评价和检测每位学生对个体与共同体关系的理解程度，苏珊·奥布莱恩收集了孩子们的发言样本（口头的或手写的）。在发言里，孩子们解释了为何他们相信"背包项目"是富有意义的。苏珊归纳了孩子们的理解方式，种种解释方式归结为：孩子们相信，我们可以做到帮助共同体中的他人，并且这是值得去做的。[1]

在上述案例中，教师与学生一道，与所在社群中的"特殊群体"构建情感共同体，并在此过程中促进公益。情感共同体是一种"情缘性"的社会单位，一般以血缘、亲情为纽带的家庭、家族为典型。但是在这则案例中，教师引导学生"将心比心"，从自己的"背包"联想到弱势群体的"背包"。进而在切实的公民公益实践中，升华出"相互需要""同情和爱""同一性认同"等基本道德原则。

二、在构建利益共同体中促进公益

美国学者彼得·圣吉在《第五项修炼》中提出"共同愿景"概念。"共同愿景"不仅是一种"目标"或"理想"，而且维系着共同体生存和发展的利益一致。自人类社会诞生以来，任何人群或组织在本质上都是利益共同体。在资本主义社会的公民教育中，并不讳言利益，甚至表达出对共同维护和实现利益的确认。例如，"在法国20世纪90年代的小学教学大纲中，公民教育包

---

[1] National Conncil for the Social Studies. *Expectations of Excellence: Curriculum Standards for Social Studies*. Maryland:NCSS. 1996,p. 79.

括两部分,即共同生活(对实践的思索)和公民生活。前者所追求的目标为:对人的尊重,包括自己和他人;对共同利益和生活环境的尊重;对共同生活的规则的意识"。①这种对社会的改进,往往是通过构建利益共同体实现个体利益。

在下面这则社会科课堂教学案例里,体现出学习如何在个体与家庭、学校、政府以及其他机构之间构建利益共同体,这对于参与民主与促进公益殊为重要。

课例　利益攸关

在当地一名高中生用手枪威胁同学的事件发生后,雅内·莫顿所带的中学生开始收集发生在学校的类似事件的相关报道。雅内邀请到一名专攻有关青少年暴力的律师进课堂,就同学们提出的有关保护未成年人以及武器管制等方面的法律问题做出回应。学生们了解到,目前还没有出台对持有枪支进行管制的成文法,以帮助校内外青年免于受到威胁。为此,学校特出台相关制度规定,任何学生如果持有致命武器,将立即面临被停学乃至开除的处罚。从该律师的观点来看,这种举措还应进一步改进,以应对日益严峻的校园暴力事件问题。学生们愿意在律师的帮助下,制订游说州议会的计划,促使其出台更为严厉的保障弱小群体以及管制武器的法律。

雅内的教学工作,是帮助他们深入理解法律的制定及颁布过程。课堂教学开始于勾勒出法律从"诉求"表达到制定颁布的过程。在律师的指导下,他们就现行法律在管制持有和使用武器方面存在的漏洞展开了研究。他们详尽分析了法案的文本结构与话语表达,并准备了草案提交给家长教师协会(the Parent Teacher Association,PTA)董事会和学校董事会,以期在促进现行法律的完善过程中,获得支持与合作。PTA和校董事会成员同意加入学生队伍。

这个时候,一位代表附近街区的州议员开始关注到这些学习者的努力,并到访了课堂,倾听了整个故事。他告知学生他与他们有着共同的关切,并

---

① 台湾师范教育学会主编:《各国中小学课程比较研究》,台北师大书苑公司,1992年,第265—291页。

会在接下来的立法会议中发起该项提案。之后,这位议员又几次来到课堂,帮助同学们提炼、改善他们的法律草案,并准备好游说工作。这项法案在州议会获得优先通过,学生们还应邀参加了州长的法律签署仪式。

雅内要求每名学生都要创作将草案转变为法律的过程图,并用文字表达他们代表公民将理念转化为实践的学习体会。作为教师,雅内评价学生作品中图示、论证以及论据的严密性与完整性,以及学习经验与公民实践的关联性。①

通过上述案例可以发现,在一些情况下,公民实践与理念相匹配;而在某种情况下,理想与现实之间仍需磨合——在这种情况下,就要求作为个体或群体的公民(们)锲而不舍地达成利益的均衡以持续地改进社会。

利益共同体并非单纯地以自我利益为中心。美国学者桑德尔曾指出"构成性共同体"(the constitutive community)概念——建立在平等关系意义上的公民共同体。这种共同体有着成员之间彼此的利益关切,但正因如此,就要求突破私人利益的局限。作如是观,共同体成员建立关系的纽带就不是"工具理性",而是"价值理性"。此种价值理性,是公民资质养成的标志。公民资质既是政治共同体法定成员的资格,又是在公共生活中具有共同实践品格的公民性。如是,在真正的利益共同体的构建过程中,个体相互合作、促进公益,伴随着自由而平等的理性公民成长。

三、在构建命运共同体中促进公益

美国全球教育专家肯尼斯-泰(Kennetht Tye)反对将全球教育的功能定位于"维持美国在世界的领先地位":"所有的家长当然希望他们的孩子成功,然而,他们更想要他们的孩子生长在一个建立于公平和公正法则基础上的人类共存世界。"②在这种全球公益观的学术视野下,美国公民教育要求学习者在小学阶段能对全球关联、重要课题进行审视和探究,提出和发起行动

---

① National Council for the Social Studies. *Expectations of Excellence : Curriculum Standards for Social Studies*. Maryland:NCSS,1996,pp. 105-106.

② 余新:《访谈美国全球教育专家肯尼斯-泰博士》,《比较教育研究》2004年第7期,第89页。

计划；要求学习者在初中阶段对国家、民族之间的相互关系以及在处理国际事务时所体现的文化复杂性进行分析；要求学生们在高中阶段能够系统地思考个人、国家与全球层面的决策，以及这些决策如何关系到相关事件的处理结果，如在面临和平、人权和全球生态等主题时所持的立场和采取的行动。

美国HM社会科教师指导用书提出了"超越美国"的理念，并设问道："你在球队中扮演过某种角色吗？如果有的话，你定会理解不同的人为了共同目标可以一道工作。"①下面这则课堂教学案例通过微观的课堂教学，启发了学生面向世界共同体的理性关怀。

<h3 style="text-align:center">课例　人类命运一线牵②</h3>

活动程序：

教师给每名学生发一张卡片，上书国名、主要出口产品以及贸易伙伴，并让他们随机绕成一圈。首先，由第一个国家将线绳的一端抛向其贸易伙伴，其他国家以此类推。这样，线绳在圈圈中最终呈纵横交错状，每位同学的手里都抓着绳子。

接下来，由第一个抛绳子的人讲一讲影响他们国家出口的因素（例如干旱影响到水果收成）。在讲到出口锐减的时候，猛地拉一下绳子。周围同学如果有谁有紧绷感，举手示意后，再拉一下自己手中的绳子。依此类推，直到让"全世界"都感受到此种效应。

依据各国进出口关系进行游戏模拟，图示如下：

---

① National Council for the Social Studies. *Expectations of Excellence: Curriculum Standards for Social Studies.* Maryland:NCSS,1996,p.348.

② 美国课堂教学活动设计交流，2018年9月20日，http://ofcn.org/cyber.serv/academy/ace/soc/cecsst.

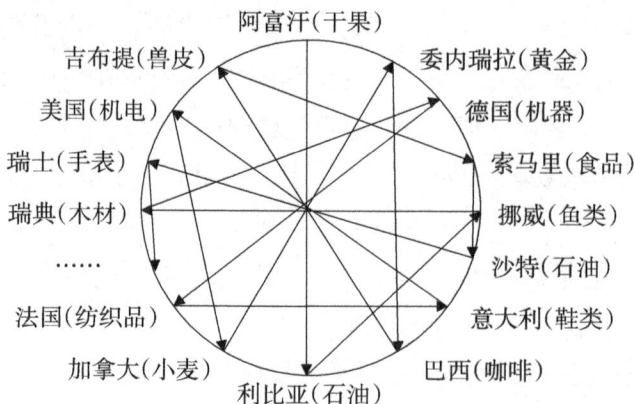

这则课例是全球教育与公益教育的主题结合。在联系日益紧密的世界，全球相互依赖的现实，需要学生对全球关联的重要性和多样性加深理解。

第三节　参与公益的教育目标：养成公民资质

所谓公民资质（citizenship，国内多译为"公民素养"），一般认为是作为国家和社会的成员所必须具备的知识、能力、情感和态度。然而，"citizen-ship"这一话语更表达某种特定的资格、地位和关系。随着经济社会发展，世界范围内的"分立型团结"（社会学家塔尔科特·帕森斯语）日益显著。在新的时代背景下重新审视公民资质，就是将公民与国家的关系展现为人的主体性与对社会的参与性双重向度。西方公民教育之所以强调公民资质，追本溯源是因为移民国家的多元社会特征。公民教育通过参与公益"求同存异"，有助于培养学生在个人自由基础上参政议政的能力、解决社群问题的能力以及树立社会责任感。

一、培养参政议政的公民资质

研究发现，国外发达国家注重从小培养学生的参政议政能力。

在英国，培养"学会参与"的公民资质教育观念，体现在公民教育课程内容、教学实施、具体方法等诸多方面,积极参与教学目标贯穿于各阶段公民教育课程的始终。如在第一关键阶段(KS1),要求学生参与班级讨论,清楚了解可以做出怎样的选择、做出正确的判断;在第二关键阶段(KS2),要求学生研究、讨论和辩论一些热点问题和事件;在第三关键阶段(KS3),要求了解中央与地方政府的服务状况,参与社会服务、养成参与技能和负责任的行为;在第四关键阶段(KS4),要求学生积极参与民主和选举过程,在学校和社区活动中能够协商、参加决断,带着责任心地参与这些活动并做出反思。再如法国2000年颁布的"公民、法律和社会教育"(education civique/juridique et sociale)课程教学大纲认为:"公民身份是一种介入国家生活的能力,或者只是一种敢于介入的能力。公民是能够介入国家生活的人,为此他需要具备一定的表达能力,形成深思熟虑的见解。"[①]

20世纪末以来,美国学界继其先贤之后深入探讨政治经济安排的社会后果,期求为组织化、科层化时代的民主困境找寻出路。这表现为罗尔斯的"重叠共识",麦金太尔的"追寻美德",也表现为桑德尔寻求的一种"公共哲学"。美国学校公民教育则力图将"古典的共和主义"与"公民的人道主义"结合起来,通过培养学生参政议政的能力,帮助学生学会在公民之间、公民与政府之间进行公民协商。

案例　捕获鲸鱼引起的悲叹

教材内容:六头逆戟鲸正被库克水湾的水族馆生物公司的渔网捕捞上来,负责人比尔·霍尔伯格要决定哪几头将被留在水槽里以供展览。昨天下午,几百人观看了怎样从船上捕捞鲸鱼并把它们拖到岸上。……

教学过程:

1.让孩子们识别该例子中的事实。对捕捞鲸鱼的新闻进行研究后,可以发现有这些事实:(1)六头逆戟鲸被捕;(2)州长称她正重新考虑该州的政策;(3)见证人劳尔·桑塔纳说他看到三个人投下深水炸弹,另一位见证人希拉·莫斯则说他们使用了爆竹类的炸药;(4)州和联邦政府都对鲸鱼禁渔区有管辖权。

---

① 高峰:《法国学校公民教育浅析》,《首都师范大学学报》2005年第2期,第108页。

2.让学生确定该例中的问题:(1)应当允许捕捉野生动物用于水族馆、动物园和马戏团吗?(2)应当允许捕猎动物者使用炸药吗?(3)霍尔伯格的许可证是合法的吗?(4)州或联邦政府应当保护像鲸鱼一样的野生动物吗?

3.和学生一起选择需要解决的重点问题。并按照下列程序解决问题:确定一系列可选方案;预测每一种可选方案的后果;讨论哪个是最佳可选方案。

(1)确定可选择方案(孩子们可使用决策树确定可选择方案)。假设一组孩子选择了第四个问题:州或联邦政府应当保护像鲸鱼一样的野生动物吗? 如果回答是肯定的,鲸鱼作为野生动物的一种则应当受到保护(就是保护鲸鱼作为野生动物的生存状态),所以便应该做出释放鲸鱼(以便让其回归自然生存状态)的决策。在这项决策下,有如下具体的备选方案可供选择:立刻释放鲸鱼并逮捕霍尔伯格;或者,立刻释放鲸鱼并用公共税收补偿霍尔伯格;或者,让法庭裁决霍尔伯格的行为是否合法。

(2)预测后果。在确定可选方案后,教师帮助孩子们预测每一种方案的后果。譬如,小组成员可能会提出下列后果:霍尔伯格将"我们大家"诉诸法庭,声明他的行为合法;鲸鱼返回外海,并从此幸福地生活;美国的动物园倒闭,因为读了霍尔伯格身上发生的事后,没人还会为动物园搜集动物。

(3)商讨。在勾画出该事件的决策树的基础上,教师引导学生讨论并得出可操作性的结论,帮助学生达成共识。除全班讨论外,还可安排圆桌讨论和小组讨论。

4.还可以在适当的场合,就一些问题进行角色扮演或戏剧表演。

5.发表。孩子们将商讨问题的结果付诸实践。譬如,可以为班级时事通讯写一份报告,并送一份到相关政府办公室。附加的教师备注应当告诉公众,该工作的主要目的是帮助学生学到一种关键的民主技能:对一个问题形成立场并为之辩护……"①

上述案例以"小"见"大",营造出在特定社群的参与场景:公民主体(本

① 沃尔特·C. 帕克:《美国小学社会与公民教育》,江苏教育出版社2006年版,第189页。(引文内容有所删改)

案例中以学生公民为代表)、企业(本案例中以霍尔伯格为代表)和政府(本案例中以州长为代表)作为社会事务管理的参与主体,表达各自的立场、观点及利益诉求,最终指涉如何通过协商达成价值共识,从而构建良性的公共生活。

由此亦可见,公民教育强调协商不仅是形式上的"对话""沟通"抑或"商谈",更是学生公民通过参与公益,作为理性主体在认同基本规则、既定程序前提下,在参政议政过程中养成能够进行价值澄清、立场确定乃至利益博弈的公民资质。

二、培养参与解决社群问题的公民资质

比如,英国注重学校公民教育与社区服务相结合。作为"行动的公民课",社区服务是英国未成年人"成长过程中一个常规的部分",让学生在真实世界中体验公民身份,促使学生的学习和思考能以社会现实和参与能力为方向。英国政府曾倡导19岁以下未成年人要为社区做出至少50小时的服务贡献,同时要求社区组织和慈善机构积极参与,并设计明确的认证制度,为未成年人志愿服务的收获进行认可和评价。大部分中小学通常会制订"社区服务计划"(community service project),定期安排学生参与当地社区服务,如访问社区中心、残疾儿童学校、地方法院等。"社区服务计划通常以解决社区的实际问题为基础,让学生在合作探索的过程中,深刻理解课堂中学到的公民知识,体会公民责任感,同时培养学生的质疑精神、批判性思维能力和交流能力等。"[①]

再比如,长期以来,美国学校公民教育形成了倡导学生参与社群管理以及决策的公民教育模式。在此过程中,公民以团体的力量参与社会管理,并接受他人的组织和管理。下面这则案例选自美国麦格劳-希尔教育出版公司出版的社会科教科书《在一起的人们》(People Together)的第四单元"我们这些人"(We the People)。从中不难管窥美国公民教育如何鼓励公民以

---

① 乐先莲:《英国公民资格观及其在公民教育中的实践》,《比较教育研究》2014年第10期,第18页。

整合的力量,一道参与本社群的问题解决过程。

案例 解决城市道路交通问题

杰克居住在北加利福尼亚州的夏洛特。夏洛特是位于该州的最大城市。夏洛特的市民一道解决他们的城市问题(市民即社群、州或国家中的人)①。杰克正在制作一本解决夏洛特城市问题的市民名册。其中有莉拉和纳蒂亚两名学生,她们俩是孪生姐妹。

莉拉和纳蒂亚对校车的停靠地点提出了质疑。它停靠在街角不是那么安全,小汽车总是呼啸而过。她们向爸爸讲了这个问题。父女们相信,放置一个停车标志会使那里安全得多。因为法律(法律即社群、州或国家中的规则)规定:汽车见到停车标志就停车。莉拉、纳蒂亚和她们的父亲决定一道努力。他们还需要想方设法让夏洛特市的领导(领导即掌管事务的人)同意这件事。

首先,他们和邻居们交流了看法,并阐明了问题所在。他们发动市民签署请愿书(请愿书是许多人签名的特殊信件),然后交给市领导。这份请愿书写明:人们希望在街角设立一个停车标志。下一步,莉拉和她的父亲去了一趟市政厅(市政厅是运转这座城市的公民团体的领导者办公的地方。市政厅开会讨论城市问题,市政厅的成员制定法律解决城市问题)。莉拉在市政厅会议上发了言。她解释了她和周围邻居们面临的问题,并请求市政厅设置一个停车标志。"请设置这个标志,"她说,"以保护每个人都不受伤害。"市政厅的成员们倾听了莉拉和她父亲的发言,并阅读了人们联名签署的请愿书。然后,他们就该问题进行了讨论。最后,市政厅决定就是否安放停车标志进行投票(投票即选择某项事物),结果是同意安放。他们做这件事情用了税款(税即人们向所在社群缴纳的金钱)。社群领导人用税款支付安放设施的工人工资,例如安放停车标志的人们,他们也用税款支付社群需要的东西。

现在,北加利福尼亚的夏洛特拥有了一个新的停车标志。感谢莉拉和纳蒂亚,现在人们过街道真是安全多了。杰克对莉拉和纳蒂亚帮助解决了

---

① 括号中的文字是该教科书对重要概念做出的适合于美国小学生的解释,下同。

他们所在社群的问题感激不已……①

参与管理即协商,参与管理即服务,参与管理即公民实践过程中的主客体统一。美国学校公民参与社群管理异曲同工——在具有制度化的决策程序中,各方能够一道做出理性思考,达成共同见解。进而试图在"公民—社群—政府"的良性互动过程中,培育公民实践德性,使其养成超拔于个人利益之上的美国公民资质。

三、培养具有社会责任感的公民资质

"二战"之后,西方国家逐步建立了现代志愿者行为制度。志愿者行为尽管与慈善行为有相似之处,但更强调是长期而且不求回报的帮助行为,是一系列服务社会的非功利性活动,从而具有自愿性、计划性、长期性、组织性、非营利性、互动利他性等特征。

"社群服务学习"(community service-learning),是美国学校公民志愿行为的一种新路径。例如,美国非政府组织策划的"为美国而教"(Teach for America,简称TFA)项目,正在如火如荼地开展,并被纳入美国教育改革的组成部分。该项目招募、培训优秀大学生,然后将他们分配到大城市的落后中小学。在那里,"志愿者"们立足所在社群,帮助"困难学生",致力于缩小不同种族学生之间的差距,从而为美国教育注入活力。下面这则案例来自TFA"特殊教育与自主学习能力培养项目"的常务董事雷切尔·布罗迪(Rachel Brody)的博客。

案例　对所有学生都抱有高的期待

在华盛顿特区的教学培训过程中,在各种不同的境遇中,我遇到了各种各样的学生——他们或者有着学习差异性,或者有着自身优点,也有的遇到了各种各样的困难。还记得开始带学生的时候,初中三年级学生瓦妮莎刚到学校两个月,就是不肯开口说话,因为她停留在小学二年级的水平;一到数学课开始的时候,小学一年级水平的学生拉坦娅就哭;而到了课堂分享环

---

① James A. Banks, Barry K. Beyer, Gloria Contreras. *People Together* (*Adventures in Time and Place*). New York: The McGraw-Hill Companies, inc, 2001, pp.118-123.

节时,四年级水平的学生斯科特便结巴,并且发言不会超过5分钟。

可是,到了年底,这些学生竟然不可思议地成长了。瓦妮莎的阅读能力进展到五年级的水平;拉坦娅跟大家说:"数学真是棒!"并且她还指导了一个小团队;斯科特则主动在班级与同学们分享他的体会。瓦妮莎、拉坦娅和斯科特之所以能够发挥出潜能,并实现里程碑式的突破,是因为我们对他们抱有高的期待,并且根据他们各自的特点对教学方案进行了细化。

当然,他们只是一小部分幸运的学生。他们的幸运,与教师、家庭和支持者组成的团队有着很大的关系——这个团队抱有相信一切孩子的潜能之信仰。

但是这种幸运并未涵盖所有的群体,这种状况并不是发生在所有的课堂……

在亚特兰大,"为美国而教"的教育工作者们正致力于根据学生和家庭的期待,制订个性化的发展目标。为达到此种愿景,他们已经与"乔治亚家长导师项目"(Georgia Parent Mentor Program)一道,帮助一些家长释放孩子们的独特潜能。在费城,特种兵和校友加入了家长与社群组织,并构建了"特殊教育咨议联盟"(SEAP)。该团队正致力于宣传和提高特殊教育的成果。[①]

通过上述案例,我们读到了作为"志愿者"在"服务学习"中的"苦"与"乐"。也不难发现,他们正经历着从"参与者"到"领导者"、从"学生"到"公民"的"蜕变"。

然而,青年的理想与现实有时会发生矛盾:他们一方面向往参与教育变革,另一方面也有着现实生存需要——很多美国大学生是为了"就业问题"才去申请TFA项目。从深层次来讲,面对整体贫富结构以及文化差异,许多志愿者会产生"无力感"。当然,上述状况没有成为公民参与社会管理的真正障碍。在政府的推动下,"多元主体"结成的公民团体发挥着共同参与公益的合力作用。

---

① Marilynne Boyle-Baise, Carl A. Grant. *Citizen Community Participation In Education.* Susan Adler. *Critical issues in Social Studies Teacher Education, Information.* Charlotte:Age Publishing,2004,pp. 155 - 156.

第五章
西方公民教育的理论困境与实践局限

西方参与式公益充满张力：既有积极的一面，也有其自身无法克服的弊端；西方公民教育并不是统一的整体，而是表现为内部一系列多元思潮的对立与异质力量的冲突，其理论困境与实践局限是历史与逻辑的必然。正如有美国学者所指出的："美国公民教育不能不反映社会本质，并被赋予各种各样的民主意义，因而其成为一个充满竞争的领域，相关课程与教学也挣扎在各种力量的界限之间。"①西方参与式公益及公民教育呈现出同一构型下的多元异质并立景观，从而造成不可避免的理论困境与实践局限。

第一节　西方参与式公益的时代悖论

虽然西方参与式公益及公民教育有其优点，然而无法系统解决资本主义的根本矛盾。资本主义发展到垄断阶段带来了一系列负面后果，包括民主参与演变成政党倾轧、利益集团对立，从而导致"单子式的个体"之间存在

---

① E. Wayne Ross, Kevin D. Vinson. *Dangerous Citizenship*. Wayne Ross. Ed. *The Social Studies Curriculum: Purposes, Problems, and Possibilities*. New York: State University of New York, 2014, p. 102.

冲突的社会状态,以及"命运共同体"情感纽带的缺失。因此,在"虚假的共同体"中无法实现真正的公益。

一、西方资本主义"单子式的个体"之间冲突的社会状态

个体主义作为一种哲学倾向和社会价值的信念基础,是伴随着资本主义而成长和成熟起来的。作为资本主义精神代表的新教伦理,促使个体主义的时代应运而生。个体主义表现为:个人是至高无上的和独立自主的,活着是为了自身,强烈的个人情感和个人成就感,等等。不可否认,在历史进步的过程中,个体主义发挥了冲破意识形态蒙蔽的重要作用,宣告人靠自己实现幸福和解决命运问题。并且以此为价值基础,某种程度上促进了生产力发展,使个人过上富裕的物质生活。

但是,个体主义发展到极致,便是诸多个体之间的敌对状态。个体主义演变到今天,已经蜕变为个人困扰、行为失当以及各利益集团之间的倾轧。既得利益者与反对派之间尖锐对立、各种社群或族群之间事实上的不平等,造成了资本主义社会的结构性问题,伴随的是两极分化、贫富悬殊、种族偏见与种族歧视、权力与金钱的肮脏交易等等。西方国家治理乱象之种种,体现出"单子式"的个体与社会整体协调一致性要求之间的根本冲突。

西方近代思想家霍布斯曾提出用具有公共权威的"利维坦",来消解"人对人像狼一样"的敌对、猜忌状态。然而,霍布斯政治理论中的人,是具有侵略性、追求自利的市场人,是具有占有性的个体主义者,也就是资产阶级。在资本主义社会,根本无法建立与自身为敌的具有"无比威严的公共权威",以此摆脱那险恶无比的战争状态——这就是资本主义社会的悖论。譬如,英国"脱欧"说明公民参与的"集体非理性"。在网络社交媒体上,"悔脱欧"(regrexit)正成为替代"脱欧"的新热词。包括部分"脱欧"派人士在内,不少人通过网络表达悔意,希望能有一个"再来一次"的机会。缺失公共责任感的个体主义价值取向一旦渗入社会政治领域,带来的是无法弥补的行为短视与社会裂痕。

二、"命运共同体"情感纽带的缺失

综观西方近代以来的社会伦理,总是把人理解为孤立的个体。而这种失去真实的社会本位依托的人,最终滑向利己主义,汲汲于短期功利,甚至成为社会的不定时炸弹(譬如西方近年来频发的枪击案)。如果个体脱离了共同精神家园,丧失了社会归属感,缺失了可以通约的价值、理想和标准,必然会造成一系列社会治理难题。

对于个体主义者而言,个体生活是以"无拘的自我"为原点的生活筹划。个体主义的社会关系模型,是"我—他"之间的陌生路人关系。正如法国思想家托克维尔所言,个体主义(individualism)虽不同于却又容易滑向利己主义(égoïsme):"利己主义来自一种盲目的本能,而个体主义与其说来自不良的情感,不如说来自错误的判断。个体主义的根源,既有理性缺欠的一面,又有心地不良的一面。利己主义可使一切美德的幼芽枯死,而个体主义首先会使公德的源泉干涸。但是,久而久之,这个主义也会打击和破坏其他一切美德,最后沦为利己主义。"[①]

进而言之,西方在社会治理过程中无法有效地将个体主义引向命运共同体的构建,便会造成伦理环节上的个体与共同体之分离;如果放任个体主义价值观的泛滥,则只能造成"共同恶"。归根结底,西方社会是由崇尚个体主义的成员构成的陌生人社会。此种社会治理,更多依靠的是法律的事后矫正,而缺乏道德的长期浸润,从而导致"一切人反对一切人的战争":个体普遍孤立,具有各自"粗陋的个体性";社会关系貌似简单却杂乱无序,个体意志张扬而普遍精神沦丧,缺乏真正的"类"意识——最终造成个体与个体之间的"战争"无法避免。

三、在"虚假的共同体"中无法实现真正的公益

奉行个体主义伦理的资本主义社会,貌似呈现出"个体自由"。然而,自由的并不是个体,而是资本。任何一种所谓"个人自由"都没有超出利己的

---

① 托克维尔:《论美国的民主》,张杨译,湖南文艺出版社2011年版,第382页。

人,没有超出作为市民社会成员的人,即没有超出封闭于自身、封闭于自己的私人利益和自己的私人任意行为,只能造就脱离共同体的个体。正如马克思在《论犹太人问题》中指出,在这种情况下,"人绝对不是类存在物,相反,类生活本身,即社会,显现为诸个体的外部框架,显现为他们原有的独立性限制。把他们联结起来的唯一纽带是自然的必然性,是需要和私人利益,是对他们的财产和他们的利己的人身的保护。"①

在西方自由资本主义发展初期,经济系统日益从生活世界中分化。这个时期,是公共领域形成时期,也是西方现代公益参与形式的萌发期。在此期间,一些超脱于个人利益或集团利益至上的个体,带着生活世界中出现的问题参与公益。通过沙龙聚会、咖啡馆谈话,围绕经济发展、国家权力等议题进行讨论与论辩。其终极目的,是希望通过批判性思考达成利益和解与价值共识。而随着公民参与群体的扩大,随着报纸、广播、电视等媒体的出现,公众舆论影响范围逐渐加大,造成对现实政治的深刻影响,成为民主政治的有益补充,也为资本主义社会发展带来积极价值。然而,随着资本主义发展到垄断阶段,资产阶级公共领域发生转型。积极公民退化为消极公民,选举替代了民主。利益集团掌控国家权力,进而渗透到公共领域并加速组织化与再生产,从而造成了对边缘化群体的挤压。个体赖以生存的生活世界无处安放,个体需要只有按照货币等价物衡量才能成为有效需求,个体政治参与只有参照政府的投票程序才能有效实现,日常生活世界只有借助于货币政策、行政规划、法律规制才能有效再生产。官僚制模式②使个体日益组织化。由此,生活意义的构建从以日常交往行为为基础到以正式组织行

---

① 《马克思恩格斯文集》(第1卷),中共中央编译局译,人民出版社2009年版,第42页。

② 根据韦伯的官僚制理论,官僚制具有如下基本特征:分工合理化,即在组织中明确划分每个组织成员的职责权限并以法规的形式将这种分工固定下来;权力体系科层化,即在组织中实行职务等级制和权力等级化,整个组织是一个层级节制的权力体系;运作机制程序化,即在组织中任何管理行为都不能随心所欲,均须按章行事;决策文书正规化,即在组织中一切重要决定和命令都以正式文件的形式下达,下级易于接受明确的命令,上级也易于对下级进行管理;组织管理非人格化,即在组织中管理工作是以法律、法规、条例和正式文件等来规范组织成员的行为;人事行政制度合法化,即量才用人、因事设职、专职专人等。

为为基础,公共领域转型为资本殖民领域。

在西方政治制度中,轴心的问题是广泛参与的愿望和官僚政治这两者的关系。在参与民主制之下,这一矛盾只是得到了暂时的解决。"国家职能通过发展它的一极,即扩大形式上的民主参与,来发展它的另一极,即加强统治。这是种更为间接而有效的统治方式,它更符合商品生产的平等原则。然而,这些形式上的变化并没有改变美国等西方资本主义国家政治制度的基本特性。"①在哈贝马斯看来,人们日常交往模式主要借助三种媒介:语言、金钱、权力。在生活世界包容经济系统、行政系统时,或者说经济系统、行政系统未从生活世界中分化中出来时,语言在交流媒介中占主导地位,语言中寄予着源自于生活世界的价值、传统、文化、规范。人们利用语言,通过解释、辩论、讨论等交流形式,使生活世界得以不断延续,并限制金钱和权力在生活世界中的作用程度与范围。然而,西方生活理性化导致"日常生活世界殖民化"。在现实的社会关系中,"个我"与"他我"之间发生着以"金钱"为主导的社会关系。如是,个体极易走向"唯我"的极端,导致诸种"个我"之间的利益冲突。

由上可见,个体自由的基础在于"经济基础",即生产过程中的人与人之间的关系。并且在这种关系中,一部分人享受着特权,另一部分人则是特权的牺牲品,从而造成结构性强迫。结构性强迫将一个群体局限于一系列境况之中,然后让群体中的个人或其他因素来决定他们在这些境况中如何被分配。这不像平常的那些高压政策总是挑选特定的个体作为其对象。在资本享有特权的社会里,有种"结构性强迫"不以普通人的意志为转移,并且它可以通过所谓"自由选择"来发生作用——当然,这也只能是资本的选择。

从深层意义上来讲,个体主义产生的社会土壤是资产阶级所有制,在受保护的买卖交易活动中蕴藏着深刻的社会关系对抗。这种对抗就统治阶级与被统治阶级而言,带有势不两立的性质;就统治阶级内部而言,不同的资本拥有者之间晓得彼此相反的意图——一方面互不信任,另一方面为这种互不信任辩护,采取不道德的手段来达到不道德的目的。不排除个别的个

---

① 王沪宁:《美国反对美国》,上海文艺出版社1991年版,第179—185页。

体主义者试图逃脱道德束缚,但在被制度环境所限的背景下,终究只能在博弈之中被更坚实的枷锁所缚。

第二节　西方公民教育参与式公益的理论困境

现代西方人交往语言变得形式化、抽象化,货币、权力的抽象性、形式化的特征恰好契合了工具理性的需要。经济系统、政治系统与生活世界充满着深刻的内在冲突,导致西方公民教育"价值中立"与价值传递难以统一,公民教育与道德教育、政治教育之间存在藩篱,以及权利教育与义务教育的重心无法平衡。

一、"价值中立"与价值传递难以统一

(一)西方公民教育强调基于事实教学的"价值中立"

"价值中立"公民教育观反映出自由主义者关注的重心,即防止道德对政治的"入侵"。譬如,当代自由主义代表人物罗尔斯言称:教育对于理性个体而言,承担着职业训练与获取自尊两种功能。为实现个人价值,教育必须不偏不倚,让个体能够在不同政治思想理论中自由选择。政治学者杰兰特·帕里认为,"教育的中立性,有助于避免特定派系或宗派占据上风,避免动摇现存社会秩序。……基于此种自由主义视角,必然导向一种价值无涉的政治教育,必然要求一种基于事实的课程与之相适应。自由主义式的中立教育观,要求学生规避个人既有的价值,做一名政治中立者,学会基于事实进行独立推导"。[①]

例如,作为美国公民教育主渠道的社会科,其教学理论一般强调"事实性教学":重在描述客观事实、透视社会现象、揭示社会特质等。社会科

---

① Geraint Parry. "Constructive and Reconstructive Political Education". *Oxford Review of Education*, 1999, 1-2(3,6), pp. 23-28、34.

(social studies,或译"社会课"),其本义就是"社会研究"。而作为公民教育重要参考标准的《全美社会科课程标准》,着力体现"科学"特质,并勾勒出"十大主题轴":文化;时间、连续与变迁;人、地方与环境;个体发展与认同;个人、群体与机构;权利、权威与控制;生产、分配与消费;科学、技术与社会;全球性联系;公民意识与实践。[①]这种"科学"体例,也成为美国众多版本公民教育教材的编制逻辑。"学院式"公民课的逻辑理路是:教育要为了个人尊严,就要做到价值无涉;要想实现每个人都能过上有尊严生活的价值理想,就必须成长为各负其责的理性公民。

而在当代英国,与先前执政的保守党强调普遍性的公民教育不同,2010年英国保守党同自由民主党组成联合政府重新上台执政后,更加强调优质教育,同时对公民教育进行"瘦身"。2011年,时任英国教育大臣迈克尔·戈夫(Michael Gove,现任英国司法大臣)提出:假如我们的学校和青年学生想要在国际舞台上赢得竞争力,那就必须学会从世界强手那里学习。同年出台的《课程复查小组建议》(the Recommendation of the Curriculum Review)则对公民教育课程做出低估。该报告提出,"公民课程并非一门独立的课程,因此应该从国家课程中剔除出去"。[②]正如有学者批判性地指出,"既然承认了公民教育的特定目的,承认了其提升公民参与水平以及所取得的成就,这份报告就显得莫名其妙"。[③]同样令人惊讶的是,时隔两年之后,迈克尔·戈夫于2013年否决了上述"建议",并强调保留公民教育在初中年段的必修课地位。而真实情况是,在2012年10月,卡梅伦政府曾考虑是否将公民教育从国家课程中移除,但又考虑到如此意味着要重新立法,最终打消了这种想法。然而,虽然公民教育课在形式上得到了一定程度的保留,却

---

① National Council for the Social Studies. *Expectations of Excellence: Curriculum Standards for Social Studies*. Maryland:NCSS,1996,iii.

② Department for Education. *The Framework for the National Curriculum:A Report by the Expert Panel for the National Curriculum Review*. London:DFE, 2011.

③ Paul Whiteley. *Does Citizenship ducation Work? Evidence from a Decadeof Citizenship Education in Secondary Schools in England*. Oxford:Parliament Afffairs, advanced access,2012,p. 19.

因为英国存在相当数量的可以有课程选择自由度的"书院"(academy school)①,公民教育课程往往成为被弃选的对象。有学者直言不讳地指出:"这种对公民教育的'瘦身'是大问题,因其聚焦于高度个人性、消费性的家庭理财、金融服务和金融产品等议题——而如何做出适切的公共经济及财政政策等才应是中心话题。"②其他学者也指出了将积极公民与"志愿公民"完全等同,不利于教师有效指导学生养成公民基本素养(如学会如何行使权力等)。

(二)西方公民教育作为意识形态的表达又要进行价值传递。

公民教育学者韦斯特海默尔和卡恩认为:"过于强调事实性、中立性,会消解学生公民参与公益的积极性。"③美国学者本杰明·巴伯尔认为,仅仅传递一些事实性知识,如有关十八星条旗的来历、宪法修正案的修订过程、《权利法案》的内容是远远不够的,仅知晓法律底线和权利界限是"弱民主"的体现。

其实,西方公民教育一以贯之的是西方式的民主自由价值观,宣扬"政治正确"。正如公民教育学者罗斯进一步所指出的:"社会科教育的目的,是促使学生获得特定的'美国的'或'民主的'价值体系。所谓'好公民'培养,乃是从西方思想文化经典中抽绎出来的碎片化的信息教学。此种事实性信息之所以历久弥坚而保持稳定,乃是因应了某些专家或权威的审定而达成

---

① "academy school",或译为学院型学校。是英格兰由国家资助的、由教育部直接资助的、独立于地方当局控制的学校。大多数学院型学校是初中学校(大多数初中也是学院型学校)。学院型学校是自治的非营利慈善信托机构,可以从个人或公司赞助商那里获得额外资金或实物上的资助。在课程设置上,不必遵循国家课程,但必须确保课程广泛而均衡(数学和英语等成为核心科目)。——译自维基百科"academy school"词条,https://en.wikipedia.org/wiki/Academy_(English_school)。

② Michael Grimes. *Teaching Economics Teaches Young People Who to Blame For Their Problems*. New Statesman, July 17, 2013, http://www.newstatesman.com/business/2013/07/teaching-economics-teaches-young-people-who-blame-their-problems.

③ Joel Westheimer,Joseph Kahne."Educating the'good' Citizen:Political Choices and Pedagogical Goals". *Political Science and Politics*,2004,37(2), p.243.

的共识。"①可见,基于事实的公民教育理论所倡导传递的"事实",乃是有着特定政治历史文化色彩的"背景知识",贯彻的乃是主流意识形态的"真理性认识"。

因此,西方公民教育的常规教学并非"中立",反而恰恰倾向于传授官方认可的信息与信念。西方公民教育呈现出既要培养特定价值取向的公民,又要通过"温和的知识"进行价值传递之理论困境。

二、公民教育与道德教育、政治教育之间存在藩篱

在美国等西方发达国家,公民教育(civic education/citizenship education)强调培养公民素养或平等公民资质,而与政治教育(political education)或道德教育(moral education)相对。②

一方面,西方公民教育领域提防"道德侵入"。

有意恪守道德与政治的界限,是近现代政治思想家的共识,如马基雅维利、洛克等人,都反对将政治人物的德性与政治行为本身搅在一起,以防止统治集团或政府官员滥用道德权威。

具体到公民教育领域,研究发现,在公民课程标准或社会课教材中,更加突出"公民"品性(civic virtues)的培养。如美国HM社会科教科书在其前言(总纲)中即指出:"HM社会科旨在促进有教养的公民发展——具备知识、技能和公民价值观的个人。他们需要成为21世纪积极而富有建设性的参与者。"③尽管在20世纪末美国曾兴起"新品格教育运动"(New Character Education Movement),但并未消解公民教育。毋宁说,在公民教育中增添了品格教育元素。从某种意义上来说,培养"公民"是第一位的,

① Ross E. Wayne. "Negotiating the Politics of Citizenship Education". *Political Science and Politics*,2004,37(2),p.250.

② 按照顾明远先生主编的《教育大辞典》的解释,政治教育是指"有目的地形成人们一定的政治观点、信念和政治信仰的教育",道德教育是指"形成人们一定的道德意识和道德行为的教育,任务是提高道德认识,陶冶道德情感,锻炼道德意志,确立道德信念,培养道德行为习惯等"。

③ Houghton Mifflin Social Studies. *I Know A Palce*(teacher's edition). Boston:Houghton Mifflin co.,1997,p.8－11.

培养"道德人"是第二位的,或曰道德教育从属于公民教育。

另一方面,西方公民教育领域也警惕"政治介入"。

西方公民教育界自视具有学术独立的理论品质,反对将政治立场强加于公民教育之上。譬如,美国公民学者乔尔·韦斯特海默尔和约瑟夫·卡恩认为,"政府主导的所谓'公民教育'往往缺乏公民性,因其缺失了学生在参与公共事务中评价、批评政府官员或行政政策的维度。若此种'公民教育'取得了成功,那必然造成对公民言论自由之压制"。①

通过对西方社会科课程标准和教材的研究发现,其中更多的是对学科、科学、公民、公共的强调,体现出"政治中立性"。譬如,全美社会科委员会(NCSS)将中小学公民教育主渠道的社会科界定为:"社会科是为了提升公民素养而对社会科学与人文科学进行学科统整的课程。在学校公民课程中,社会科汲取了人类学、考古学、经济学、地理学、历史学、法律、哲学、政治学、心理学、宗教学、社会学及数学等学科知识,将人文学科、社会科学乃至自然科学等融合为一种平衡的学习系统。在此基础上,实现着社会科的基本目的——在一个相互依存的世界,在多元民主社会中,帮助青少年做出明智而又理性的决策,从而成长为能够致力于公共善(public good)的公民。"②在此意义上,培养"公民"是第一位的,培养"政治人"是第二位的,也可以说是政治教育从属于公民教育。

然而,正如有学者所指出的,维系公民教育与道德教育、政治教育分离,容易导致公民德性缺失、规避实质政治议题的后果。本杰明·巴伯尔认为,"(美国公民教育)对于如何实现更好的社会治理,如何提供有效的政策供给,如何承担更多的公共责任,不是未及展开,就是付之阙如。"③由于道德与政治的分离传统,造成道德教育与政治教育在公民教育领域存在隔膜之困境。

---

① Joel Westheimer. "Introduction-the politics of civic education". *Political Science and Politics*,2004,2(4),p.232.

② National Council for the Social Studies. *Expectations of Excellence*: Curriculum Standards for Social Studies,Maryland:NCSS,1996,p.3.

③ Benjamin R.Barber. *Strong Democracy:Participatory Politics for a New Age*. Berkeley:University of California,1984,p.234.

再比如在西班牙,政治局面的变化,导致教育政策的不稳定,也影响到公民教育理念与公民教育课程。西班牙公民教育可以区分出两种模式——

模式1:强调宪政的普世价值(不仅仅是西班牙宪法价值);进行民主的教育和为了民主的教育;开展人权教育;开展积极的参与式公民教育;突出多元文化教育;等等。

模式2:突出西班牙语言文化的重要性;公民要与政府一道致力于善治;培养服务于公共事务的公民技能;培养效力于一定体制的审视公民价值观,培养具有高度爱国主义精神的西班牙公民;等等。

政党轮流上台执政,导致西班牙公民教育长期在上述两种模式之间摇摆。但是近些年来,受"打左灯向右转"的政治语境影响,西班牙公民教育课程设计体现出上述两种模式中若干要素的组合。

在西班牙21世纪以来的教育改革中,强调所有层级的公民素质教育,倡导公民参与民主社会活动,在多元社会里互相合作、实践民主公民权利。同时,培养学生批判与负责任的态度和能力,参与创造更加美好的社会。然而,公民道德教育与政治教育的难以统一,也折射出政治思想领域的斗争:从右翼自由派到左翼社会主义再到保守派的权力之争。

三、权利教育与义务教育重心无法平衡

一方面,主张权利是西方公民教育的历史传统。

对公民权利的强调,在一定程度上有助于弥合制度框架下道德与政治的分离。换言之,尽管在公民教育领域层面存在着道德与政治之间无法消除的障碍,但通过对权利的强调为道德与政治的结合提供可能空间,并反推公民教育发展。

美国早期理论家如共和主义者托马斯·杰斐逊认为,行使权利不仅意味着平等公民资格,同时也承担着公民教育功能。之所以主张权利法案,就是因为只有公民拥有权利才能检视政府权力,才能唤起公民自身拥有至高无上权力的自觉性。杰斐逊声称,即便是最低年级的公立学校公民课,也应该强化公民权利意识。同时,对于培养公民资质而言光有权利意识还不够,还需通过参与地方事务以及行使选举权,在践行权利过程中形成公民"道德

感"。美国教育家约翰·杜威(John Dewey)、黑人领袖杜波依斯(W. E. B. DuBois)、政治学家彼特·巴查赫(Peter Bachrach)均认为,每位公民都有权参与政治,都应在其所处的共同体中享有共同体成员应该享有的平等管理资质。当代政治学家罗伯特·达尔(Robert Alan Dahl)则基于多元主义民主理论,提出"强平等原则"(principle of strong equality):"在自由民主体制下,权力广泛分布于公民、利益集团和政党之间,没有单一的占绝对地位的团体或联盟。"①

研究发现,在美国公民教育教材或课堂教学中,不仅提出政府要保障公民权利,而且要求所有人都要拥有彼此尊重权利的公民美德和政治品质。《全美公民与政府课程标准》在K-4内容标准中即讲道:"显而易见,当政府依据正义基本原则达到有价值的目的和政府机构有效运转时,它便能成为保障个人权利和增进公益的强大力量。理解政府存在的必要性,以及它在促使个人与社会达成互利目标时所发挥的作用……"②该"标准"还提出,公民权利主张为每位公民都提供着参与渠道,保障着他们享有法律范围内的质询、批评、革新政府的权利。在此意义上,公民权利体现出公民的权力——所谓权利,指涉公民之间的平等权,而不论公民个体处于多数派、少数派还是中间派。

而民主权利的观念也是英国公民教育的传统,"马歇尔式的公民资格观"可谓典型。公民学者马歇尔在《公民资格与社会阶级》一文中把公民资格分为公民的、政治的和社会的三个方面:公民部分包括财产权、人身自由、言论与思想自由、组织工会的自由和要求公正的权利等个人自由;政治方面包括参与以议会和代议制政府为依托的政治权力结构和政治运作,主要是选举权与被选举权;社会方面指公民的经济福利与安全、分享社会遗产与过合乎当时标准的体面生活的权利,与之紧密相连的制度是教育制度和社会服务。马歇尔认为,社会的公民资格是未来发展的方向。这种包含自由、正义和责任的公民资格就是英国公民课程的目的。

---

① Robert A. Dahl. *Democracy and Its Critics*. New Haven:Yale University, 1989,p. 97.

② Center for Civic Education. *National Standards for Civics and Government*. California:Center for Civic Education. 1994,p. 17.

另一方面,促进公益是西方公民教育的时代话语。

在西方公民教育话语体系中,作为公民资质有双重身份:在政治国家中,公民拥有"权利"、承担"义务";在社会中,公民作为"个体"参与"共同体"。权利与"义务"有矛盾,"个体"与"共同体"有张力,理论界尝试以公益为核心话语进行勾连。在政治学者如罗尔斯那里,可以发现构建正义的个体参与式公益;在伦理学者如麦金太尔那里,可以发现践行美德的社群参与式公益;在公民学者如大卫·米勒那里,又可发现公益与积极公民成长关联;等等。

当前,西方公民教育试图通过对共同体公益的强调,去消解个体权利至上的负面效应,公益成为时代话语。研究发现,美国诸种公民教育课程标准或教材对在特定共同体中参与公益做出了相关规定。从美国公民教育中心制定的《全美公民与政府课程标准》(*National Standards for Civics and Governmet*)中,可以提炼出美国公民教育的中心思想:要帮助学生能维护个人权利,同时能够负责任地帮助他人实现权利,这就要求在特定共同体中参与公益。

"马歇尔式的公民资格观"虽然将公民权利作为核心话语,但仍将社会和道德责任、社区参与、政治素质作为公民资格的三部分。其一,好公民要具有社会与道德责任,这是好公民的核心,学校要教育学生理解道德价值,按照道德价值行为。其二,好公民要积极参与和服务学校内外的社区。要促进学生在地方、国家和全球水平上的参与度。其三,好公民要具备政治素质。即理解政治知识和一般意义上"公共生活"的知识,能够以最有效、最健康的方式表达意见,能够有效地协商、妥协,基于当前经济和社会问题的实际做出决定。政治素质还涉及公共资源的使用、分配、纳税等内容。《克里克报告》规定了公民教育的一系列观念和价值:特性、差异;法律和人权;公共利益;权利与责任;权力与权威;自由和秩序;冲突和合作;个人和社会;民主;法律和公正原则。[①]

然而,西方公民教育的历史传统与时代话语之间仍然存在无法消弭的裂缝,用公益统整差异化的权利诉求在相当程度上还是一种理论假设。因

---

① 唐克军:《比较公民教育》,中国社会科学出版社2008年版,第109页。

为根据个体权利本位的逻辑,如果知道了公民教育功能是培养权利意识和能力,作为个体的"他"可能质疑:既然如此,"我"为何还需要学校公民教育。这种根深蒂固的权利观念,构成了推行学校公民教育之障碍,也就造成了对权利的教育反讽。所谓"教育反讽"指的是一种怪现象:那就是认为既然已经拥有了法律赋予的权利,也就不再有额外去接受任何形式公民教育的义务。一言以蔽之,由于西方社会中对个体权利的张扬造成权利与义务的失衡,任何公民教育理论的解答终归陷入困境。

第三节　西方公民教育参与式公益的实践局限

近年来,西方民主共和制出现了向所谓"共同参与民主制"转变的趋势。然而,正如未来学者约翰·奈斯比特所分析的,其局限于"地方政治","新的民主的工具"也仅限于地方事务,而在一些实质性的问题上是没有效用的。同理,在公民教育领域,也存在着政治参与实践对变革社会的乏力、社群参与实践对现实政治的遮蔽以及少数异议实践对社会治理的挑战等问题。

一、政治参与实践对变革社会的乏力

公民政治参与实践意味着公开的政治活动导向,寻求对政治议题、政治体制、政治关系、政治框架以及现实政治热点问题的直接参与。源远流长的民主理论是西方公民教育政治参与实践的有力支撑。托克维尔曾提出"正确理解的私利"(self-interest rightly understood,或译"正确理解的自我利益")这一公民美德原则:正是因为参与公共事务对于美国人来说是生活中不可或缺的重要方面,公民们才有可能理性地自我决定去助人为乐。通过对各种公民团体、地方事务的参与,美国人理性地体认到,他们帮助别人其实就是在帮助某种境遇下的自己。因此,参与公益便成为习惯使然,公民德性方得以自然养成。

在一些西方公民教育学者看来,直接政治参与有助于培养公民知识,在理想的民主制度下公民教育会水到渠成。本杰明·巴伯尔认为,真正的公民

参与应该建立在课外民主实践活动的基础之上:"在实践中生成理论知识,而非用理论知识指导实践。政治理论知识只有通过切实的政治参与实践才能真正获得。只有赋予参与政治的权能,才会让公民们自觉地信奉公民知识;反之,如果仅限于传递知识,缺失公民参与的机会,公民便无法承担责任。那么,公民知识就会成为空谈,导致政治冷漠。……通过对地方政治事务的现实感体验与体察,有助于生成有关国家宪法之运行、法律体系之构建、政治制度之演进、文化变迁与政治变革等的基本知识。"①巴伯尔的"强民主理论"包括一系列参与框架,例如邻里集会、举办社区人民大会等。另一些公民教育学者如多莉丝·格雷伯尔等人认为,事实的描述、材料的梳理甚至情境的模拟,都不是政治参与式公民教育的必需品——公民并不需要精确地记忆事实或史实,培养积极公民资质所需要的知识乃是学生公民在参与政治实践中所必需的知识。②

研究发现,政治参与实践虽然聚焦现实政治活动,但不是理论课之外的实践教学,而是理论课教学的实践展开。正如汉娜·阿伦特、杜威等学者指出:如果缺失了一种"总体性内容"作为支撑,便有可能使主体性参与让位于精英掌控。因此,公民教育实际上应该是也必须是全部教育转型乃至整体社会改造——然而在现行制度框架下也只能是一种应然设想。

二、社群参与实践对现实政治的遮蔽

在英美等国公民教育中,有关于在社群(社区)从事公民实践的教学环节的设计。譬如,英国内政部提出了"通过选举来学习"的方案,包括向学生介绍英国的宪法和选举制度,指导学生如何参加竞选活动,提供机会让学生计划并开展自己的竞选活动。如伦敦的中学生就利用参与伦敦市长选举活动进行公民学习。在竞选期间,学生探索伦敦市政管理的一些关键问题,诸如交通、媒体如何影响竞选的进程,还学习新的选举制度和投票的重要性,

---

① Benjamin R. Barber. *Strong Democracy: Participatory Politics for a New Age.* Berkeley: University of California, 1984, p. 234.

② Daris A. Graber. *Processing Politics: Learning from Television in the Internet Age.* Chicago: University of Chicago, 2001: chap2.

邀请候选人与学生对话。英国社区服务志愿者组织(CSV)强调通过社区服务,帮助学生积累良好的经验,发展学生的公民能力。为此,设计了服务学习的程序:在准备工作阶段,在服务项目开始前,要让学生认识到社区的需要,思考所采取的措施。教师要为学生准备相应的知识、明确要达到的目标与提供的学习机会,即要回答如下问题:怎样把项目与其他课程相联系? 在进行项目前学生需要知道、理解、能做什么? 在服务学习前必须教学生什么? 项目结束后学生知道、理解、能做什么? 他们将从服务经验中学习到什么? 将怎样记录、录像、提交和评估? 服务学习给予口头与书面表达、数据收集、问题解决提供什么机会? 感情成果的合理期望是什么——自尊、美德、习惯、信念和态度? 等等。①

在法国,参与学校共同体建设也是公民教育的重要途径,法国教育部把学生选举学生代表、参加班级和学校的管理视为民主启蒙的方式。1975年6月的《哈比改革法案》规定:"初等教育还应与家庭相结合,确保儿童的道德教育和公民教育。"并要求"在每所学校,初级中学或高级中学,教职员工、学生家长和学生组成一个学校共同体。它的每个成员都有义务在人格和意见得到尊重的情况下为共同体的良好运转做出贡献"。1977年7月的法案改革规定:"扩大学生对教学活动的参与。"在法国教育部看来,学校要成为自由、和平的共同体,实现真正的自由教育,就必须允许学生通过选举出来的班级代表向教师和校方反映其意见。1989年的《教育指导法》规定:"初中和高中学生享有了解情况和表达意见的自由权,但须遵守多元和中立的原则。""高中应设立由校长领导的学生代表委员会,就有关学校生活和学校方面的问题提出意见和建议。"《教育方向指导法附加报告》规定,在高级中学建立学生代表委员会,委员会在校长主持下召集,由班级的代表组成,在学校问题(如校内规则、办学方案、社会教育活动)和学校工作(如作息时间、辅导与补课方式、学业方向、指导过程等)方面提供咨询。在德国,随着在所有生活范围内要求民主的呼声不断高涨,1973年颁布了《加强学校独立自主,

---

① 唐克军:《比较公民教育》,中国社会科学出版社2008年版,第127页。

教师、学生和家长共同参与学校管理》。①

　　然而,有一些学者揭示出社群服务学习与公民资质养成呈弱相关的关系。米勒(Miller,1997)通过对密歇根大学心理学课程服务学习的研究进一步指出,大学生参加服务学习对他们的个性发挥造成消极影响。其他学者则指出服务学习体验对社会问题的强调,反而无助于增加大学生的自我效能感。亨特布和布利斯宾(Hunter&Brisbin)研究发现,这些服务体验既没有影响到大学生的政治选举、政治倾向和政治信仰,也没有影响到他们的公民角色扮演:"服务学习,即便是有着明显的课堂讨论……也并不是学生政治冷漠、公民消极无为和缺失多元参与民主价值观的矫正良方。"②

　　来自对美国志愿项目(AmeriCorps Program)"为美国而教"的研究发现,服务社群与公民参与的关系并不那么密切,甚至较之那些没有参加该项目的同辈群体而言,这些志愿者体现出在选举、捐助和公民参与等方面更加消极(Mcadam&Brandt)。也有一些学者对上述现象做出了解释。卡恩和魏斯太摩通过调取美国住房和城市发展部(Department of Housing and Urban Development)的600份服务学习项目资料研究发现,超过90%的服务项目仅仅提供直接的教育授受和物资援助,而缺乏有力的政治组织和倡导。卡恩一针见血地指出,为避免被指责为有什么"政治企图","大多数校本服务学习项目和服务社群计划乃是去政治化的公民教育……这些项目计划大多诉诸个体的同情、仁爱而非通过群体行为追求社会正义。"③正如沃尔克(Walker)所言,单纯的服务所产生的直接效应,致使学生误认为通过个人行为足以解决问题,从而导致他们对大量的结构性问题缺乏关注。

　　巴伯尔(Barber)则直言不讳地说,"服务学习项目尽管彰显出'幸运者'对'缺失者'的人性关怀,却无法创造出与自由相关的共同责任感,亦无法为

---

　　① 唐克军:《比较公民教育》,中国社会科学出版社2008年版,第126页。

　　② Susan Huntera,Richard A. Brisbin. "The Impact of Service Learning on Democratic and Civic Values". *Political Science and Politics*,33(3),p.625.

　　③ Joseph Kahne, Joel Westheimer. "Teaching Democracy". *Phi Delta Kappan*,85(1),pp.34-40,57-66.

结构性问题提供一揽子解决方案"。①巴蒂斯托尼(Battistoni)和波蒂(Boyte)更加尖锐地指出了社会参与项目乃是"政治解毒剂"和"政治替代物",而非更加广泛的政治和公民参与的桥梁和纽带。因此,尽管参与服务社群的机会和人数呈现出史无前例的增长态势,20—30岁的美国青年人寻求在政府和公民组织担当领导职务的劲头却有减无增。一言以蔽之,在当下大学生对社群的参与程度与他们未来成为公民时对公共服务的热衷程度之间,仍然存在着深深的裂痕。

此外,西方公民教育社群参与还面临一系列问题。例如,如何依托历史文化重构"良序社群",构建覆盖所有群体的"给予与接受的社会关系网络"?如何避免"地方社群膜拜",实现地方社群向公共政治的提升?如何摆脱"以物的依赖性为基础的人的独立性"社会形态局限,构建真正的"命运共同体"?等等。公民教育的社群参与实践实质是对现实政治的遮蔽,此种社群参与活动倡导合作、宽容、效能等价值观,自觉或不自觉地遮蔽了现实政治斗争与冲突,不利于公民教育面向社会的全景透视。

三、少数异议实践对社会治理的挑战

"少数异议"(minority dissent)的公民实践侧重于对权力的抵抗,或为平等公民身份而斗争。在课堂教学中,往往呈现出关于即使是社会中最小部分群体也有实现平等权利之机会的教育叙事。美国政治传统自身提供着少数异议的历史叙事。詹姆斯·麦迪逊在《联邦党人文集》中提出了著名的"麦迪逊悖论":既要防止某种受共同激情、共同利益驱使而联合起来的各党派之间的纷争,又要保障公民维护自身利益的权利。美国女权运动的先驱人物伊丽莎白·凯迪·斯坦顿、美国有色人种促进会创始人之一W. E. B杜波依斯是持少数异议的代表人物。她(他)们认为,被边缘化的群体也有要求平等地位的权利——那种共通的"被排斥感",构成了包容性诉求的强有力的理由。美国政治学者苏珊·赫伯茨在《边缘政治学》一书中指出:"被边

---

① Benjamin R. Barber. *Strong Democracy: Participatory Politics for a New Age*. Berkeley: University of California Presss, 1984, p. 235.

缘化群体发起的政治活动,经常创造着'公共平行空间',这是与主流群体相对的另一种话语世界,但是这个世界同样有着特定规则与共同体纽带。"①

　　若干西方当代公民教育学者也在教育领域主张少数异议,认为此种教育实践有助于引导学生关切现实生活世界,并促进政治社会体制变革。例如,罗斯主张的"明智的社会批判"(informed social criticism)公民教育将教学目标设定为:奉行正义、平等的价值观,为学生提供检视、批评当下社会存在与反思传统习俗的机会,最终指向社会变革。韦斯特海默尔、卡恩等学者则主张"正义导向的公民课程"(the justice-oriented citizen curriculum):致力于培养学生对社会政治经济问题的批判反思能力,探讨不正义现象发生之根由,并能够审慎地提出针对性的行动策略。有美国学者甚至提出将塑造"工具性公民"转变为培养"解放性公民":"工具性公民仅仅行使简单的投票权,而解放性公民更强调与其他公民进行深层交往、公共辩论及公共反思,提出异议、抗议乃至进行革命。"②

　　研究发现,在公民教育教材中,有关于少数族群为争取自身权利而表达诉求或发起抗争的相关叙事;在公民教育教学中,有关于少数异议的案例以及论辩;在校园内外,也有反战学生遭处罚并自组织发出抗议的案例。

案例　少数异议

　　2003年2月17日,美国密歇根州迪尔伯恩高中16岁的学生布雷顿·巴伯尔穿了一件印有国际恐怖分子和美国前总统布什照片的T恤出现在校园中,以此来表达对美国反恐战争的看法。此外,巴伯尔还在一次作业中对布什和萨达姆两人进行了对比。

　　校方发现后,担心他的行为可能会煽动起阿拉伯裔学生的民族情绪,2月19日,勒令巴伯尔要么立即脱下反战T恤,要么退学回家。巴伯尔最后选择了弃学回家。学校发言人戴夫·穆斯托宁说:"学生拥有言论自由的权

---

　　① Susan Herbst. *Politics at the Margin:Historical Studies of Public Exion outside the Mainstream.* New York:Cambridge University,1994,p. 181.

　　② Jessica A. Hebach, Eric C. Sheffield. *Creating Citizens in a Capitalistic Democracy.* John E. Petrovic, Aaron M. Kuntz. Ed. *Citizenship Education around the World.* New York:Routledge,2014,p.70.

利,但是校方对因伊拉克危机所造成的紧张形势非常敏感。"……学校副校长声称巴伯尔的T恤"可能会引发争议情绪……会推进恐怖主义、扰乱课堂及破坏班级正常秩序"。

然而,布雷顿·巴伯尔还有另外的公民身份,即在十年级时就已经是美国公民自由联盟的正式会员。2003年3月27日,密歇根州公民自由联盟代表巴伯尔向联邦法院提起诉讼,对学校的决定提出质疑,认为学校官员的行为违反了学生的宪法第一修正案权利。……2003年10月1日,法官帕特里克·达根根据美国公民自由联盟的主张做出裁定,允许巴伯尔穿反战T恤去上学。达根法官说:"正如美国最高法院1969年裁定廷克诉得梅因学区案一样,如果学校能证明学生的行为已严重扰乱了学校工作和纪律,学校可以阻止学生讲话。根据宪法规定,学生也是人,他们的言论自由权也应该得到法律保护,并不能因为他们进入学校就至此结束。"[①]

通过上述实例可以发现,少数异议课堂叙事"易",而落实到实践成功者"难"——由于家庭、学校、社会观点的差异,更由于"三权分立"的政治体制,少数异议本身也充满"异议"。

现实也表明,少数异议意味着公民有权挑战社会治理与干预公权力的行使,造成一系列社会治理问题。如果一味地放纵公民去质疑、挑战权威,去反抗政府治理,那么将带来可怕的社会撕裂后果。良性社会治理不能建立在少数异议式的抗争基础上,而是应通过合理利益表达渠道以兼顾社会各方面利益。因此,必须重视学校教育对学生公民实践的主导作用,教师也必须能够帮助学生维护自身合法权利、学会公民合作与协商技能,从而提升参与社会治理的民主技能,养成促进社会和谐的公民美德。

---

① American Civil Liberties Union. *Freedom Under Fire:Dissent in post-9/11 America.* New York:American Civil Liberties Union,2003,p.14-15.

第六章
中国参与式公益的理论基础

马克思主义具有鲜明的人民性、实践性，中国优秀传统文化具有"天下为公"的公益情怀，西方现代思想表达出对自由平等权利的诉求，体现出对权利与义务的辩证思考并落实到实践。马克思主义公益观是中国参与式公益之"魂"，是遵循传统公益精神的中国参与式公益之"根"。

第一节　指导思想：马克思主义公益观

在马克思主义公益观看来，个体全面而自由的发展与"真正的共同体"的目标是内在统一的。共产主义社会立足于"真正的共同体"，其内蕴的价值理想与真正的公益相通。

一、使人的关系回归人自身

历史是人的洗礼，承认活生生的个体就是承认活的历史，不做历史的分析就不能正确认识个体。从"个人"到"个体"是历史的"洗礼"过程，亦即从"政治人"中分离出"社会人"的过程。资本主义社会的参与公益，本质上是对私有制的遮蔽。在政治国家中，"个人"是具有"权利"与"义务"的公民；与之相悖谬的是,在社会中的"个体"却是利己的"私民"。马克思在《论犹太人问题》中指出,正是社会才是国家的政治基础。作为感性个体直接存在的人,才是本真的人:"现实的人只有以利己的个体形象出现才能被承认,而真正的人只有以抽象的citoyen(公民)形象出现才能被承认。"①在社会中存在的作为"个体"的人,比在政治国家中存在的作为法人的"个人"更真实,并且构成后者赖以存在的基础。马克思在《论犹太人问题》中批判道:所谓"政治解放":是人的简约化,是使人的世界、人的各种关系回归于人自身的过程——"一方面把人归结为市民社会的成员,归结为利己的、独立的个体,另一方面把人归结为公民,归结为法人。"②

马克思主义公益观并不是简单地承认现存的个体,而是期待生成经过否定自身、在共同体中成长起来的个体。要想使人的关系回归人自身,就需要个体融结为共同体。马克思在《黑格尔法哲学批判》中洞见到,共同体不过是人的个体本质的实现和客体化:"如果在阐述家庭、市民社会、国家等等时把人的这些社会存在方式看作人的本质的实现,看作人的本质的客体化,那么家庭等等就表现为主体所固有的特质。"③概言之,人永远是(家庭、市民社会和国家等)这一切存在物的本质。然而,在市民社会与国家的二重化界限内,作为个体的公民不是"公"民,而是"私"民。正如马克思、恩格斯在《德意志意识形态》中所揭示的,市民社会在过去一切历史阶段上受生产力所制约,同时也制约生产力的交往形式。

在此意义上,从"政治解放"到"人的解放",是从"私人"到"个人"、从"个人"到"个体"的历史发展过程。而自觉使"个人""个体""公民"合成为"共同体",使人的关系回归人自身,才能为真正参与公益架构社会关系前提。

---

① 中共中央编译局:《马克思恩格斯文集》(第1卷),人民出版社2009年版,第45—46页。
② 中共中央编译局:《马克思恩格斯文集》(第1卷),人民出版社2009年版,第46页。
③ 中共中央编译局:《马克思恩格斯全集》(第3卷),人民出版社2002年版,第51—52页。

二、全人类作为一个团结一致的兄弟社会

亚里士多德的伦理学与政治学相辅相成。政治学作为"最高善"之科学，并不讳言利益："人们结合到一起是为了某种利益，即获得生活的某种必需物。政治共同体最初的设立与维系也是为了利益。而且，这也是立法者所要实现的目标。他们把共同利益就称为公正。"①然而，在古希腊时代，并不是每个人都能够占有生产力的总和，只有少数人才能获得自主活动的条件。那个时代"公民"只是少数人，那时的社会安排只能导致一种利益同另一种利益相对抗。

近现代国家通过法律，确认了所有自然人的"公民资格"。然而，这种公民乃是追求一己之私利的"私民"，从而造成利益的彼此背离，引发"一切人反对一切人的社会战争"。恩格斯《在爱北斐特的演说》中慨叹道："我们大家辛勤劳动的目的只是为了追求一己之利，根本不关心别人的福利。可是，每一个人的利益、福利和幸福同其他人的福利有不可分割的联系，这一事实是一个显而易见的不言而喻的真理。虽然我们大家都应该承认，没有自己的伙伴我们就寸步难行，应该承认仅仅是利益把我们大家联系起来，但是我们却以我们的行动来践踏这一真理。"②"我们"当然不是故意地"践踏真理"，反倒是因社会制度安排而不由自主。资本的纵横捭阖，一方面造成生产过程中劳动的分工与结合，从而制造出蕴含着"集合力"的商品；另一方面造就了只拿个人工资（福利）的单个工人，而如果这些个人之间产生"合力"，那也是分工前提之下的"合作"。于是，工人、科学家、工程师乃至资本家本人，都是资本增值的工具。

"全人类作为一个团结一致的兄弟社会"，可以看作是对共产主义社会公益状况的一种界定，或者一种期许。马克思恩格斯在《德意志意识形态》中，用"共同存在物"(ge-meinwesen)标志古代共同体，用"市民社会"(buergliche gesellschaft)或异化的"社会"(gesell-schaft)标志"虚假

---

① 亚里士多德：《尼各马可伦理学》，廖申白译注，商务印书馆2010年版，第246页。
② 中共中央编译局：《马克思恩格斯全集》（第2卷），人民出版社1957年版，第605页。

共同体",用"共同体"(gemeinschaft)标志共产主义。在"冒充的共同体"中,个体自由实质是作为阶级中的一员的自由;在"虚假的共同体"中,联合的个体却同个体自由相对立,从而造成新的桎梏——"在真正的共同体的条件下,各个个体在自己的联合中并通过这种联合获得自己的自由。"①"真正的共同体"就是个体的"自由联合体",其中每个个体的自由发展是其他一切个体自由发展的条件。

从词义角度来分析,共产主义(communism)中的"commun"乃"沟通""联合"之意。在此意义上,只有"我"与"我"之间通过"沟通"才能进行"联合"。"共产主义"社会的价值追求,就是通过联合控制实现每个个体的利益。可见,共产主义概念中蕴含着公益品格与公益诉求。共产主义作为一种新型的交往实践,是一种真正面向人的日常生活世界的创造性的公益实践形式。

马克思主义公益观是"真"与"善"的统一。在"真正的共同体"中,别人的享受成为"我"自己的占有,"我"已经把别人纳入"自我"之中。在生产力发达到一定程度的前提下,每个个体都代表个体利益参加共同体,同时每个个体的利益都置于联合控制之下。恩格斯《在爱北斐特的演说》中预想道:在共产主义社会,"控制"不是"统治","限制"不是"规制"——"管理机构必须管理的不仅是社会生活的个别方面,而且是整个社会生活的一切表现、一切方面。我们消灭个人和其他一切人之间的敌对现象,我们用社会和平来反对社会战争,我们彻底铲除犯罪的根源,因而就使行政机关和司法机关目前的大部分工作,甚至是很大一部分工作成为多余的了。"②需要指出的是,行政机关、司法机关"成为多余"是对未来社会制度构想的组成部分,这种构想建立在生产力高度发展以及世界交往普遍形成的基础之上。

三、在个体参与"真正的共同体"实践活动中实现公益

马克思主义公益观承认个体价值,但没有滑向个体主义;重视共同体价

---

① 中共中央编译局:《马克思恩格斯文集》(第1卷),人民出版社2009年版,第571页。

② 中共中央编译局:《马克思恩格斯全集》(第2卷),人民出版社1957年版,第608页。

值,但没有走向当代共同体主义的路。马克思主义公益观扬弃了两极对立思维,从而克服了"个体主义"与"共同体主义"各自的片面性,实现了二者在方法层面的贯通。

当代共同体主义试图通过恢复古希腊时期开创的共同体传统,来克服个人主义倾向及其带来的道德利己主义。尽管共同体主义不同代表人物及其言论存在分歧,但其基本主张有共同之处。其中重要的一条,就是认为公共利益优先于个体权利。钱宁指出:"作为一种政治哲学,在与新自由主义的论战中,共同体主义围绕共同善的理念讨论公共利益和个人利益的关系,阐述了它的国家理论,提出了公共利益优先于个人权利的主张。这种政治理论也被称为公益政治学。"①用伦理学范畴来表达,就是"共同善"(common good)优先于"个体善"(individual good)。然而,当代共同体主义者的思想方法往往与个体主义的如出一辙,忽视了历史背景与时代条件,也没有诉诸实践推动制度变革,故其倡导的公益也只能立足于"虚假的共同体"。

历史唯物主义可以划归为历史主义社会科学——认为对历史的预测是其主要目的,并且认为依靠对历史发展背后的节律或方式、规律或趋势的揭示,通过实践的方式能够实现这种目的。正如有学者所指出的实践的方式即是历史的方式,马克思的独特的方法论既不同于黑格尔式超验的纯思构建,又不同于旧唯物主义式的经验之抽象,而是基于人的具体感性的活动,对变化着的、现实的社会生活进行考察。②进而言之,马克思主义公益观运用历史唯物主义方法审视道德,但不同于波普尔所批评的"道德历史主义"——历史唯物主义是属于唯物主义的历史主义,唯物辩证法则是现实人类生活世界的逻辑。作如是观,马克思、恩格斯虽然相信"绝对趋势",但却是"有条件的乐观"。恩格斯在《国民经济学批判大纲》中深刻认识到,在"自由竞争"无法遏止之时,"竞争的矛盾和私有制本身的矛盾是完全一样的。单个人的利益是要占有一切,而群体的利益是要使每个人所占有的都相等。

---

① 钱宁:《"共同善"与分配正义论——社群主义的社会福利思想及其对社会政策研究的启示》,《学海》2006年第6期,第36页。

② 齐艳:《分析马克思主义方法论研究》,中国社会科学出版社2012年版,第190页。

因此,普遍利益和个人利益是直接对立的"。①只要旧的生产方式依然存在,普遍利益和个人利益的对立就不能得到根本改变。

因此,尽管资本主义制度抽象地承认了个体权利,但依然制造着生产资料私人占有制下的"虚假的公益"。如果在"个体—共同体"无限过渡的环节中,将共同体作为"手段—目的"链条中的目的而存在,那么便可能以共同体的绝对性抹杀个体存在;如果将共同体的目的设定为崇高,那么只有接近此终极目的的社会精英才能获得更多的存在意义。反之,弱者成为"负担"。如果再在弱者头上加以"公益"之名,便会导致"不可承受之重"。统治阶级道德的"伪善"就是假借"共同体"之名——"凡对统治阶级是好的,对整个社会也应该是好的,因为统治阶级把自己与整个社会等同起来了。所以文明时代越是向前进展,它就越是不得不给它所必然产生的种种坏事披上爱的外衣,不得不粉饰它们,或者否认它们——一句话,即实行流俗的伪善……"②

在马克思主义公益观看来,社会结构是从个体活动中产生的。实践即权力关系的创生,个体通过实践调动资源与社会配置资源同构。在此意义上,实践具有促使个体与共同体之间"结构"与"解构"的双重功能。在人类历史的"史前时代",这种功能发挥的结果是"虚假共同体"的产生。个体价值与共同体价值不可能同时实现,甚至彼此互相抵牾,导致"个体主义与结构主义的冲突"。只有在真正的人"类"历史时代,方能超越个体主义与共同体主义的两极对立,在这个时代,实践功能的发挥过程就是个体与共同体的统一过程。

案例 "近平敢说敢做敢担当"③

按:下面这则案例,生动地反映了习近平总书记在青少年时期与人民群

---

① 中共中央编译局:《马克思恩格斯文集》(第1卷),人民出版社2009年版,第73页。

② 中共中央编译局:《马克思恩格斯文集》(第4卷),人民出版社2009年版,第197页。

③ 中央党校采访实录编辑室:《习近平的七年知青岁月》,中共中央党校出版社2017年版,第172—174页。

众同呼吸、共命运，积极促进村社人员、基层组织、地方政府等多方合作，共同解决人民的切身利益问题。其中既有公益情怀，又有着公民担当。当然，习总书记的公益思想和实践需要全体中国人民在新时代再创新。

近平给我们村做了很多事情。我就讲一讲我印象最深刻的几件事吧。第一件事，近平在报纸上看到四川绵阳办沼气，他觉得我们可以借鉴过来，解决农村烧柴的老大难问题。近平就跟大家探讨这个事情，给我们讲办沼气有几大好处：一是能解决社员点灯问题；二是能做饭；三是沼气池里的废料还可以给庄稼做肥料。后来，近平他们到四川去学习沼气技术，学了大半个月的时间，回来就动员社员开会，组织了一个办沼气的施工队。近平在四川学了不少技术，还从四川带回来一个技术员，在他们两个人的指导下，我们就建起了沼气池。……第二件事，近平还带领我们村民打了一口井，解决了我们全村的吃水问题。……第三件事，近平给村里办了一个铁业社。……近平当书记不到两年时间，办沼气、打井、办铁业社、种烤烟、办代销店，还搞河桥治理，打了5大块坝地，给我们村里带来了很大的变化，直到今天，我们村里人还在受益。

马克思主义着眼于未来人类命运，阐释了"人的本质是人的真正的共同体"。习近平总书记当年之所以"敢说敢做敢担当"，是因为立足于服务人民群众的真正的共同体。习近平同志为村民做的几件公益大事，体现出个体发展与共同体变迁的同步前行，体现出真正命运共同体中劳动人民的合作。由此，马克思主义的公益思想，是科学的、崇高的、实践的，对构建当代中国公益观具有指导意义。

第二节　历史境脉：中国传统公益精神

传统中国社会以关系和伦理为本位，人与人之间的关系被赋予了浓厚的伦理意义。伴随着从传统社会向现代社会的转型，中国社会经历了一个不断脱离原始的、自然的、以宗法血缘为纽带的共同体的过程，社会交往走向扩大化，社会联系的纽带经由血缘关系转而走向契约关系。尽管传统中国社会的慈善不能等同于现代公益，但其中蕴含的精神可以为当代参与式公益所汲取。

一、天下为公的公益理想追求

中文典籍中存在大量关于公益的文本，表达着中国人公益的理念。东汉许慎在《说文解字》中解释道："共，同也。同，合会也。"后来，"共"既成为"同"的同义词，也成为"公"的同义词。"共"即"同"，"共"即"公"。所以，与"善"字结合，公益即"公善"。因此，公益既可以解释为"共同之善"，又可以解释为"共有之善"。

中华文化典籍的渊源《周易》蕴含着深邃的公益思想。《周易》阐明了"同"所具有的意义："与人同者，物必归焉。故受之以大有。有大者不可以盈。故受之以谦。"老子提出具有公益本体论意义的"玄同"思想："知者不言，言者不知。塞其兑，闭其门；挫其锐，解其忿；和其光，同其尘，是谓玄同。"《道德经》第28章推崇"谷神"，可视其为公益本体的隐喻："上德若谷。"《道德经》第66章提出了"圣人"的公益境界："圣人常无心，以百姓心为心。善者，吾善之，不善者，吾亦善之，德善。""是以圣人终不为大，故能成其大。"孔子则提出具有公益方法论意义的"和同"思想："君子和而不同，小人同而不和。"孟子进一步倡导"公而忘私""舍己为人"的公益情怀："禹闻善言，则拜。大舜有大焉，善与人同。舍己从人，乐取于人以为善。"朱熹注曰："善与人同，公天下之善而不为私也。"孟子论说人皆有"四心"，它们是公益的人性基础——"恻隐之心""羞恶之心""辞让之心""是非之心"。如果扩而广之，就是天下的公益，可谓"达则兼善天下"。而《礼记·礼运》中的"大同"思想，与西方公益遥相呼应。

古代的思想家老子曾说："圣人不积，既以为人己愈有，既以与人己愈多。天之道，利而不害；圣人之道，为而不争。"强调人们不要千方百计地为自己积累财富，而是要在别人遇到困难、需要帮助时，尽量地为他们着想，尽量地给予他们、帮助他们。要多做"利人"之事，而不要做争名逐利之事。这可以说是对道德义务超功利性特点的生动表述和深刻揭示。我国清代著名的思想家颜元曾就处理人与己的关系，提出了"利济苍生"的观点，努力做到

"千万人中不见有己,千万人中不忘有己"。所谓"不见有己",就是要有"斡旋乾坤,利济苍生"的忘我精神;所谓"不忘有己",就是要认识到自己的责任,积极地承担对他人、对社会的道德责任。在中国人日常话语中,也有着深刻的带有命运共同体特色的公益话语,如"独行快,众行远""大河有水小河满,小河有水大河满""一花独放不是春,百花齐放春满园"等。传统文化的滋养与哺育,是中国特色社会主义参与式公益教育的本根。

中国传统文化以内心统摄万物、以仁爱普度众生,升华出腾冲超拔的公益境界,有助于提升参与公益的内在道德价值。然而,利他主义价值观走到极端,成为具有压制自由性质的"吃人的礼教"。在列维纳斯看来,伦理学属于"质"的哲学:"伦理学必定涉及关系,涉及自由者之间的关系。诸自由者的关系是伦理的关系。自由的王国乃是伦理的王国。"[①]

二、家国同构的公益现实架构

中国传统文化强调在"大我"中成就"小我"。因为家庭并非闭合的伦理实体,而是与社会、国家相互承接、相互贯通。家庭、社会、国家都是个体道德生命成长所必须寄寓的伦理实体。在传统社会,呈现出家国同构的公益现实架构:由家庭伦理("慈""孝"等)转化为社会伦理("善""忠"等)。

在传统社会,家庭是一个社会结构中基本的社会单位和经济体,也是文化和伦理共同体。正如钱穆所指出的:"家族是中国文化一个最主要的柱石。我们几乎可以说,中国文化全部都从家族观念上筑起,先有家族乃有人道观念,先有人道观念乃有其他的一切。"[②]中国人有着较强的家族观念,并将此种家族观念贯穿到对家族成员的教化过程中,家族成员也自觉地内省与躬行。早在战国末年,《礼记·礼运篇》中就提出了要使世界"讲信修睦,故人不独亲其亲,不独子其子,使老有所终,壮有所用,幼有所长,鳏寡孤独废疾者,皆有所养"的"大同"思想。孟子也提出"守望相助、出入相支、疾病相持"的主张。可见,中国的慈善文化很早就出现于以家庭为基础的全社会的

---

① 叶秀山:《启蒙与自由——叶秀山论康德》,江苏人民出版社2013年版,第352页。

② 钱穆:《中国文化史导论》,商务印书馆1998年版,第205页。

普通百姓的思想之中,有着深厚的民族基础,它要求人们不仅关心自己的家庭,慈爱自己的亲人,还要慈爱社会中所有的人,让社会中所有的鳏寡孤独和残疾人得到社会的关怀和照料。

黑格尔曾将家庭看作最原始和自然的伦理实体。伦理实体是现实伦理关系与秩序的凝结体,反映"那种自在自为地存在的精神本质"。[①]从这个意义上说,伦理实体就是伦理精神,是个体自由现实的实现方式,家庭、市民社会和国家就是伦理精神的外化。伦理实体体现精神的本性,是单一物与普遍物的统一。在《法哲学原理》中,黑格尔依据伦理的精神本质,指出:"在考察伦理时永远只有两种观点,可能或者从实体出发,或者原子式地进行探讨,即以单个的人为基础而逐渐提高。后一种观点是没有精神的,因为它只能做到集合并列,但是精神不是单一的东西,而是单一物与普遍物的统一。"[②]在伦理实体中,人的个体性与普遍性得到了统一,人们的伦理生活获得了精神本性。按照樊浩教授的进一步解释,精神与伦理之间相互贯通,伦理作为"人伦"之"理",追问的就是个人与"人伦"之间的关系,如何实现个体的人与"伦"之间的一致与融入。"'伦理'的核心问题,是个别性的'人'与实体性的'伦'的同一性关系及其表达方式。'伦理'的根本文化使命,是将'人'从个别性的'单一物'提升为实体性的'伦'的普遍物,进而达到永恒与无限,从而使共同生活成为可能。在这个意义上,'伦理'便同'精神'逻辑与历史统一。"[③]

中国公益精神强调融入家族、民族的"大我"。如《钱氏家训》中"利在一身勿谋也,利在天下者必谋之;利在一时固谋也,利在万世者更谋之"。在家庭这个伦理实体中,个人可以意识到自己不是狭隘、偏私的,而是能够敞开自我,与他人相互感受,体现共在的思维,"离开了他人自己就不能独立"。家庭作为伦理实体,也由此体现了伦理精神,是客观精神演化的第一个环节,也是伦理生活的最初阶段。由此,家庭作为人的社会生命与人生道德历程的起点,为实现个体自我本质与公共本质之间的统一,为个体迈出狭隘的

---

① 黑格尔:《精神现象学》(下卷),贺麟、王玖兴译,商务印书馆1979年版,第2页。
② 黑格尔:《法哲学原理》,范扬、张企泰译,商务印书馆1996年版,第173页。
③ 樊浩:《伦理,如何与我们同在?》,《天津社会科学》2013年第5期,第5页。

偏私性的第一步提供了前提。在黑格尔那里,一个人要在道德上走向自由,获得人之伦理本性,就需要从家庭出发,不断走向社会,最终在国家中实现单一物与普遍物的统一。

然而,以"小家"入"大家"并非意味着丧失人格独立性。正如黑格尔所言:"家庭关系毋宁是以牺牲人格为其实体性的基础。"①在传统家庭中,个体的"我"是以家庭一员存在的,个体意志消融于实体之中,只能遵从家庭普遍意志。

三、官主民辅的扶贫济弱式的公益实践

公益是理念、制度与政策的三位一体。先秦诸子百家与随后的佛家、道家都对慈善有过精辟的阐述。譬如,儒家讲"仁爱",佛教讲"慈悲",道教讲"积德",墨家讲"兼爱",各流各派虽在表述上不尽相同,然义理相近,都蕴含着救人济世、福利为民以及人类共通的人道理念和道德准则。这些理念在历朝历代得到了一定程度的制度化,并与具体的政策措施相结合。

西周时期,社会慈善和保障益见规模,并初步形成了一种制度和模式。在西周的统治机构之中,设有地官司徒掌管荒政、安抚民众等。周代还有"养疾",即帮助国人消除灾难和疾病的惠政。首先是通过祭祀活动祈求苍天降福于民,保佑国人消灾祛疫。其次是专门设立疫医负责治疗患病的国人。

春秋战国时期,慈善事业有了进一步的发展。在救灾减害方面,有平籴(平籴制度,是诸侯国将丰年与灾年各分成大、中、小三等,丰年由官府买入粮食,灾年则由官府卖出粮食)和通籴制度。

两汉时期,政府开始大规模兴建"常平仓",以备灾荒赈恤之用。恤幼养老方面也取得了一定的发展,如政府颁布胎养令、养老令等。

魏晋南北朝时期,设置了义仓,出现了专门收容贫病者的慈善机构六疾馆。佛教寺院的慈善救济活动的范围非常宽广,包括济贫救灾、施医给药、规诫杀戮、劝善修德等。

---

① 黑格尔:《法哲学原理》,范扬、张企泰译,商务印书馆1996年版,第49页。

隋唐时期的仓廪制度比较发达,义仓非常兴盛。佛教慈善事业赓续前代,在寺院内建立了具有固定场所的慈善机构——悲田养病坊。民间比较有影响的私人赈济的慈善活动也开始涌现,如"义渡""义井""义浆"等。

在宋朝,相继设置了福田院、居养院、安济坊、漏泽园和慈幼局等慈善机构。政府也非常重视且经常开展带有慈善性质的赈灾活动,仓廪制度是备荒救灾的根基和保障。许多封建官绅出私资,购置田产,设义庄,赈济和安抚贫穷而不能自给的族人。两宋时期,出现了一批著名的慈善家,如改革慈幼之政的黄震,如"先天下之忧而忧,后天下之乐而乐"的范仲淹,如任杭州知州时创设病坊、任密州知州时收养弃婴、任黄州知州时成立救婴组织的苏东坡。

在元代,全国普遍设立了惠民药局,并派有专人"提领"管理;在灾荒之年,政府调粟拨资对灾区百姓进行安抚和救济。

在明清时期,有恤病助的慈善机构,如漏泽园(义冢)、栖流所(主要收留过往贫困流民)等;有比较著名的善堂、善会,如同善会、放生会、惜字会、救生局、义渡局、清节堂、丧葬善会等;有承续前朝各代的救济措施,从备仓积谷、发仓给粟、煮粥应饥等方面对灾民进行救济。有清一代,江南地区的育婴慈善事业在全国范围内是最为突出的。这一区域的育婴机构不仅立足于以县治为中心的城区厢关,而且延伸到了都图里甲一级。也就是说,城有育婴堂,乡村亦设留婴堂、接婴所、保婴会等慈幼机构,形成了一个结构合理、体系完善的育婴网络。

中国慈善事业的近代化发轫于晚清光绪初年民间社会兴起的大规模的义赈。晚清义赈开始突破传统的地域性的赈灾模式,破除了狭隘的地域观念。传统的慈善事业开始向近代慈善事业转化。而真正具有近代意义上的慈善事业则出现在戊戌期间。在戊戌维新的影响下,中国传统慈善机构出现了转机,慈善事业出现了新的变化和气象。一些维新人士较为系统地论述了慈善事业的功能和作用,提出了一系列改革慈善机构的主张,进而导致了人们(特别是慈善界人士)的思想及慈善事业的变化,酝酿和萌生了具有近代色彩的慈善理念。在这一时期,具有公益性质的慈善事业也得到了初步的扩展。一些传统的善堂、善会广泛地开展了一系列社会慈善公益活动,同时还涌现出了众多的慈善公益团体。随着维新运动的失败，慈善事业曾一度衰落，但在以后的自治运动和新政的推动下，又得以恢复和发展。旧式的善堂、善会开始转变为近代新型的慈善团体。

进入民国以后，慈善事业开始向制度化、法制化转变。政府设置了专门的慈善机构来管理慈善救济，并制定了相关制度。同时还制定了一系列有关民间慈善团体的法规。民国前期还开展了比较广泛的慈善救济，特别是灾荒和兵灾救济。抗日战争爆发后，民众被迫流离失所，救济难民成了这一时期慈善事业最重要的内容。国民政府和民间各慈善团体对难民，特别是难童给予了相当多的救济和帮助，使许多难民得以在战火中幸存。这一时期的慈善事业还包括各慈善团体掩埋死尸等善举。与以济贫助困、赈灾救荒为主要内容的中国传统慈善事业相比，近代慈善事业的内容要丰富得多：一方面继续重视传统型的慈善活动；另一方面，则将范围拓展到文化教育、医疗卫生、工商经济等方面，不断设立慈善医院、慈善学校、慈善工厂或习艺所等，同时实施了许多以工代赈的工程，让实物救济和以劳务谋食相结合。

综上所述，许多的慈善活动都是在官方的主导下进行的。中国传统的公益具有救济、赈济、互助性质，公益与慈善同义，与公义相辅相成。因此，在引入西方公益思想时不能简单地将"资产者公共领域"（bourgeois public sphere）、"市民社会"、"非政府组织"（NGO）等概念或功能用于中国公益领域，因为这预设了一种国家与社会之间的二元对立。正如美国学者黄宗智（Philip C. C. Huang）所指出的："国家与社会的二元对立是从并不适合于中国的近现代西方经验里抽象出来的一种理想构造。我们需要转向采用一种三分的观念，即在国家与社会之间存在着一个第三空间，而国家与社会又都参与其中。"①

---

① 黄宗智：《中国的"公共领域"与市民社会》，A. 美杰弗里·亚历山大、邓正来主编：《国家与市民社会———一种社会理论的研究路径》（增订版），世纪出版集团、上海人民出版社2006年版，第406页。

第三节 理论借鉴:西方现代公益思想

西方现代参与式公益,从社会整合与现代国家政权建设中产生。在社会整合为统一的民族国家和现代科层机构建立的过程中,民主参与才浮现出来。在这种脉络里,国家权力与社会力量的相互渗透,以及二者的相对平衡,为参与公益成长确立了历史与时代背景。建设中国特色社会主义,总任务是实现社会主义现代化和中华民族伟大复兴,在实现现代化进程中西方现代公益思想可资借鉴。

一、现代公益发生在公共领域

公益指向公共领域,可以呈现为不同的形式并涉及国家与社会之间各种不同的权力关系。在哈贝马斯看来,所谓公共领域指的是一个国家和社会之间的公共空间,市民们假定可以在这个空间中自由言论,不受国家的干涉。意指一种介于市民社会中日常生活的私人利益与国家权力领域之间的机构空间和时间,其中个体公民聚集在一起,共同讨论他们所关注的公共事务,形成某种接近于公众舆论的一致意见,并组织对抗武断的、压迫性的国家与公共权力形式,从而维护总体利益和公共福祉。通俗地说,就是指政治权力之外,作为民主政体成员的公民自由讨论公共事务、参与政治的活动空间。公共领域最关键的含义,是独立于政治构建之外的公共交往和公众舆论,它们对于政治权力是具有批判性的,同时又是政治合法性的基础。

从历史来看,随着商品交换和资产阶级家庭的兴起,西方公共领域生长起来。正是这些"私人化的"(privatized)资产者个人聚集起来进行理性的、批判性的公共讨论,构成了公共领域。公共领域中的公共意见,造成了对权力的制约。因此,真正的公共领域体现出公民的主体性。那种公民表决加万众欢呼式的"公共领域"是"被宰制"的。改革开放以来,国家权力管制的放松为中国"第三领域"的发端提供了机遇。1992年邓小平"南方谈话"之后,社会主义市场经济体制的逐步确立,客观上推动了社会经济领域的巨大扩展。由于国家对垂直控制的放松,公民之间的协商有了更大的余地,从而为公民参与公益提供了可能的空间。国家控制的放松给企业主体经营带来了较多的自由,也为公民作为多元主体之一参与公益提供了体制环境。在这样一种社会政治体制下,这些实体的行政领导便成了居于国家与社会之间的"第三领域"的一种关键地带。正是在这一地带,公民从事着超出正式官僚机构能力的公共活动;也是在这一地带,新型的国家与社会的关系在逐渐衍生。这里有更具协商性而非命令性的新型权力关系,演化出既区别于国家机构也区别于私人社团的权力关系及其自身的运作逻辑。正如黄宗智所言:"要想理解这些实体及其历史背景,我们需要破除将国家与社会做简单二元对立的旧思维定式。与公共领域/市民社会模式的图式相反,中国实际的社会政治变迁从未真的来自对国家的社会自主性的持久追求,而是来自国家与社会在第三领域中的关系的作用。"①

然而,随着西方福利国家、大众社会与广告业的出现,这一公共领域却经历了一种结构性变化。国家与社会相互渗透,模糊了私人领域与公共领域之间的界限。从而,资产者公共领域变成了国家与社会之间充满张力的区域。与国家干预社会并行的是,公共职能转由私法人团体(private corporate bodies)承担,同样,社会权力取代国家权威的相反进程却又与公共权威在私人领域的扩张相关联。正是这种国家逐步"社会化"与社会日益"国家化"的演进蜕变,逐渐损毁了资产者公共领域的基础,广告操纵与利益集团的花招取代了此前时期的理性的公共意见。一方面,进行理性讨论的个人聚合让位于"大众社会"的各种利益集团;另一方面,"自由主义的宪政国家"则让位于福利国家。前者屈从于"国家的'社会化'",后者屈从于"社会的'国家化'"——这种双重过程导致了"国家与社会二分"的瓦解。

二、权利是现代公益的原点

在传统熟人社会,慈善基于亲情模式的慷慨互助。西方现代市民社会

---

① 黄宗智:《中国的"公共领域"与市民社会》,A. 美杰弗里·亚历山大、邓正来主编:《国家与市民社会——一种社会理论的研究路径》(增订版),世纪出版集团、上海人民出版社2006年版,第425页。

则是一个越来越丧失此种内聚力的社会状态。分工的庞大的扩展,使得道德的标准发生了改变。从目的论伦理向义务论伦理的转变,同时也意味着道德规则本身的抽象性得到了极大发展。而这与越来越由间接性所主导的陌生人人际关系是相适应的。责任也因此变得抽象,不再是对一个个熟人负责,而是对未知的他人负责。它看起来冰冷而苛严、不近人情,涵盖更广的公益精神也由此萌发。卢梭等启蒙思想家把偏离了"人的本质"的生活状态视为不善,因为它使得现代人身心紧张,"身不由己",全面的能力下降,变得日益片面化,因而在道德上也变得相互冷淡甚至冷漠。他们认为,"所有人都肯定践行诺言和遵守契约的美德,所有人都肯定诚实、慈善和仁爱等美德。问题不在于道德的内容而在于道德的基础:我们如何才能知道它,我们如何才能依照它来行动"。①

正是基于"陌生人"组成的共同体,现代社会才更需要公益来"弥补",现代道德的"沦落"才需要公益精神来"拯救"。现代社会的根本特点是每个人都成了独立的利益主体,个人自由选择成了人们必须承担的命运。于是社会成了个人追求自己目的的公共空间,成了个人追求自己事业的成功、生活的幸福的领地成为个人自主、自由的领域。人们要求社会的就是提供法律秩序,抵御外敌,即保障内外安全。人群的离散,也使得人们的价值观念变得多元化,从而很难有统一的善观念。于是,人们对制度本身只有一种要求,那就是保卫人们的自由平等地位,并能让人们平等地公平竞争以规则保障。所以,公益成为人们自由选择的对象,而制度的正当性则要求取得前提性地位。所以,与古代社会诉诸美德以实现公益而言,现代社会更诉求权利的正当性以谋划公益活动。

按照霍布斯的思路,设想在"自然状态"下每个人都是平等、自由的,每个人对周围的财物都有同等的主张权,但由于当时并没有产权制度,也没有公共法律和公共权威机构,而财物有限,并且占有具有排他性,所以必然会引起争夺,出现"人对人像狼"的状态。为了使人们的自我保存的本性能得到满足,所以需要把大家的所有权利都让渡给一个代表人,即君主,并组建

① 约翰·罗尔斯:《道德哲学史讲义》,张国清译,三联书店2003年版,第15—16页。

国家机构,维护秩序。霍布斯指出,在自然状态下,独立的个体的判断必然会导致无政府状态。于是,他得出结论说,克服这种无政府状态的唯一方法就是让这些市民的多个意志(multiple wills)化为一个意志(single will)。如果别人也愿意这样做时,一个人在为了和平与保卫自己的范围内,会想到有必要自愿放弃这种对一切事物的权利;这就是放弃部分权利而获得了更大的自由。

设想在"自然状态"下人与人之间有完美的平等和自由,但是由于完全让个人来行使自己的自由有许多不方便,所以,大家订立契约,让渡部分权利给公共权力机构,但这要以维护个人所拥有的三种基本权利——即生命权、财产权、自由权为前提。霍布斯认为,要求保存自己和对死亡的恐惧必然使人们产生求取和平、摆脱战争状态的愿望。于是理性便出来教导人们,不能单凭自己的情欲去生活,只有接受那些大家必须遵守的共同的生活规则,即自然法,才能避免战争,使每个人都能达到保存自己的目的。理性所建立的自然法,就是契约。社会契约是个人之间达成的协议,就好像每个人都对别人说,我放弃我统治自己的权利而把它授予这个人,或者是人们的集合,在这种情况下,你也把你的权利授予他,并以类似的方式认可他的行为。

抽象的权利,是西方近现代思想家从人的最自然、最基本的欲求即自我保全中推论出来的。正如列奥·施特劳斯所揭示的:在霍布斯那里,"如果自然法必须得从自我保全的欲求中推演出来,如果,换句话说,自我保全的欲求乃是一切正义和道德的唯一根源,那么,基本的道德事实就不是一桩义务,而是一项权利;所有的义务都是从根本的和不可离弃的自我保全的权利中派生出来的"。正因为如此,霍布斯能够把权利看作一个基本的道德事实。同时,在他看来,最原初的善,就是权利的实现,就是追求自我保存和欲望的满足,其他的善要么作为实现欲望满足的环境条件,比如和平和安全;要么作为实现欲望满足的手段而获得善的价值,比如各种道德品质。在这个意义上,他突出强调了正当对善的优先性。由此,维护人的正当权利也就成为现代公益的原点。

三、正义与共同善是公益的双重维度

现代公益不是个人权利的简单让渡,而是基于平等的自由权利。因此,在近现代公益思维方式中,正义处于重要考量地位。构建具有正义性价值的制度成为一项首要任务,它不通过参照美德、福利和其他的善来独立地制定。也就是说,正义原则是独立的,美德则是依附于正义原则的。

一般认为,公益理论是当代西方社群主义的"专利",其实不然。被冠之以"自由主义"的一些思想家,亦最终确立了共同善在其思想中的地位。卢梭在《社会契约论》中明确提出:公意(general will)意在共同善。他认为,共同善对于结合为一体的每个有理智的人都是自明的,只要人们意见一致,统一到关系共同生存及共同善的意志上来。"公共的利害就不仅仅是个人利害的总和,而是在一个简单的集合体里那样,存在于把他们结合在一起的联系之中;它会大于那种总和;并且远不是公共福祉建立在个体的幸福之上,反而是公共福祉才能成为个体幸福的源泉。"这便是"个体共同善"与共同善的辩证法:共同善作为整体,要大于作为部分的个体共同善的集合。

我们知道,罗尔斯承继卢梭的契约理论提出"正义论"。在其经典著作《正义论》《政治自由主义》以及《万民法》中,公益(common good)作为重要范畴实现了跨越文本的语脉勾连。由此,罗尔斯式的"正义",是为了共享"公民资质";罗尔斯式的公益思想,先要确认"基本善"(primary good);而其理论总纲,乃是基于"正义"(justice)的公益。而从其整个论著脉络及其形成的思想体系来看,其以"共同善"为核心、以"共同善"为重要论题的思想贯穿始终。譬如,在《政治哲学史讲义》(*Lectures on the History of Political Philosophy*)中,罗尔斯十分清楚地反映了共同善思想在其整个思想体系中的地位。在"导言"当中,开篇即发出开展政治哲学研究的追问。在回应第一个追问之时,罗尔斯将"正义"(justice)与共同善(common good)并列,作为"基本总念"(basic notion)之一。……在导言第五节"原初状态"(initial situations),指出对政治正义之构想,就是勾勒出正义与共同善的诸原则、诸理念。"在民主制度中,公民们注意到,政党的领袖在争取足够数量的多数选民时也会受到某些正义原则和'共同善'的约束,至

少在涉及他们的明确的公共政治计划时是如此。……在一种合理且成功的政治制度中，公民们在适当的时候会变得依恋这些正义原则和'共同善'，他们对这些正义原则和'共同善'的忠诚也不是完全以（即使是部分的）自利为基础的。"①

如果说个体主义实现了"正当"与"善"的分离，那么共同体主义则力图使二者在"共同善"中实现统一。公益是社群主义伦理学的核心概念。以麦金太尔及其著作为例——学界以及麦金太尔本人对麦金太尔有三种看法：作为"亚里士多德主义者"，作为"托马斯式亚里士多德主义者"，以及作为"亚里士多德式马克思主义者"。然而通过研究仍可发现，在各种"麦金太尔"的重叠镜像中，"common good"作为重要范畴跨越了麦金太尔文本。在《伦理学简史》《追寻德性》以及《依赖性的理性动物》等著作中，可以凝练出：麦金太尔式的"正义"，是在"德性"（virtue）中求索；麦金太尔式的公益，是在"共同体"中追寻；而其理论总纲，是基于公益的"正义"。

自由主义是"先分后统"式的，即立足个体偏好、承认个体差异，是"不完美主义"；而共同体主义是"先统后分"式的，是消弭个体偏好、承认群体偏好的"完美主义"。加拿大学者威尔·金里卡指出："在共同体主义的社会里，'公益'被想象成一种关于优良生活的实质观念，并由它来界定共同体的'生活方式'。"②进而言之，自由主义者与社群主义者的对话不仅是可能的，也是必要的。

值得一提的是，西方公益理论从根本上缺乏历史唯物主义眼光。例如，麦金太尔希望像圣本尼迪克特一样，建立修士制度下的教团共同体。然而，共同体所"共有"的关系不是理性谋划的产物，不是人类本性意识觉醒的产物，而是历史的产物。不可否认，在前现代的"群体依赖性"社会中，有着传统德性赖以存在的基本社会条件。而在现代"个体独立性"社会中，传统共同体瓦解了，代之而起的是追求"成功"的个体。马克思、恩格斯在《德意志

---

① Samuel Freeman. *Lectures on the History of Political Philosophy*, Cambridge. Massachusetts：Harvard University Press，2007，p. 8.

② Will Kymlicka. *Contemporary Political Philosophy*. New York：Oxford University Press，2002，p. 220.

意识形态》中指出："不管是人们的'内在本性'，或者是人们对这种本性的'意识'，即他们的'理性'，向来都是历史的产物；甚至当人们的社会在他看来是以'外界的强制'为基础的时候，他们的'内在本性'也是与这种'外界的强制'相适应的。"①在社会关系已然改变，新的生产方式尚未出现之际，这种"回归"只能是空想，甚至为"伪善"提供思想资源。

因此，如果不采取改变人类命运的实践路径，共同善的理论构建只能陷入空想。在西方的制度框架内，是很难实现共同善的。在这一点上，以实现共同富裕为目的的社会主义，有着无比优越的制度根基。另外，西方现代学者的共同善思想理论，有意无意之中充当了推广"普世价值"的工具，这是值得我们警惕的。

① 中共中央编译局:《马克思恩格斯全集》(第3卷)，人民出版社1960年版，第567—568页。

第七章
中国参与式公益的现实指向

社会主义制度具有资本主义制度无可比拟的优越性。美国等西方资本主义国家尽管有比较先进的公益理念，但其社会本位还是个体主义。资本主义社会作为"虚假的共同体"，其发展处于"个体独立性"阶段，与作为"类"的"自由人联合体"阶段尚有距离。在中国特色社会主义制度下，中国参与式公益通过培育公民实践理性，结成中华民族命运共同体进而参与构建人类命运共同体，参与推进国家治理现代化。

第一节　培育公民实践理性

从比较公民教育的视域来看，西方公民教育非常注重培养学生的理性参与能力，并着力帮助学生学会带着实践理性参与公益。中国参与式公益应该在坚持马克思主义实践观的基础上，培养学生的实践理性能力。

一、在养成实践理性中确立公益的主体性

从西方伦理思想史来看，亚里士多德在《尼各马可伦理学》中就已经确立了主体性道德原则与实践观。康德构建的"纯粹实践理性"的基本法则

是:你意志的准则始终能够同时用作普遍立法的原则。康德在《道德形而上学原理》中开门见山地提出:"在世界之中,一般地,甚至在世界之外,除了善良意志,不可能设想一个无条件善的东西。"①康德认为,"善良意志"不同于所期待、所喜爱、所促成的任何事物,是由于"意愿"而善的"自在的善",因而是"高贵的善"。"善良意志"与"自由""理性"等"自主性"范畴相勾连在一起,表达出康德义务论鲜明的主体性道德特质。康德的"自主性"指的是理性的自我主宰、自我制约,从而克服非理性欲望的驱使。因为理性是能够排除外在动机的巨大力量,能够帮助主体保持内心的道德纯洁。康德把主体这种不为外物所动、不为外物所累的精神状态,称为展现出心灵宁静、泰山崩于前而不动的"德性的真正力量"。

实践理性是人之所以为人的重要特质,拥有实践理性的人就是能够在实践境遇中行使人类理性权能的人。如果说公益有慈善的含义,那么必须赋予其实践理性意义上的"善良意志"。人是有感情的,但是理性才具有确定性;人是自由的,但自由并不在于选择动物式的欲望满足,而是选择理性自身发出的道德律令。"绝对命令"之自我施加的"命令",是"自我立法"的意志自律,是将被动的"我必须如此行为"变为"我自觉立意如此行为"。在当代西方学界,德性论伦理学者麦金太尔通过回溯亚里士多德伦理学,提出人通过学习成长为"实践理性者"(practical reasoner)。"实践理性者"是"理性"的人,也是不惧慑于任何权威能够做出独立判断的人,更是能够在特定情境下做出判断与行为选择的人。

实践的观点是马克思主义的基本观点,此观点不仅超越了旧唯物主义,也超越了资本主义学者所指涉的实践理性。康德的"自由意志"等概念范畴和道德假设,终归囿于主观性。与康德义务论不同的是,马克思主义将"道德律令"根植于生产生活实践之中。历史唯物主义意义上的实践理性,以建立新生产方式的实践活动为根本实现路径。人应该在现实生活实践中证明实践理性的真理性、现实性与此岸性。在此意义上,实践理性是理性的,因此蕴含着"逻各斯"意义上的实践理智;实践理性又是建立在感性的人的活

---

① 康德:《道德形而上学原理》,苗力田译,上海人民出版社2005年版,第8页。

动基础之上的,因而又是马克思所指的"对象性"的活动,是对现实社会关系的创生。可见,实践不是流俗意义上的"干""做",也不局限于满足物质需要的生产活动。生命在于通过实践而实现对生命的追求,生活在于通过实践而实现自为的目的。

因此,要超越传统慈善观,要避免单纯"爱的奉献",就必须在教育中注重培养学生的主体性,通过启发教育对象的理性思考确立实践准则,渐次达致对公益理念的理性认同。从现实来讲,中国参与式公益应该立足中国特色社会主义实践,帮助学生关切人民日益增长的美好生活需要和不平衡不充分的发展之间的我国社会主要矛盾(如城乡差距、地区差距以及贫富差距等),在生产生活实践中确立公益的主体性,做具有实践理性并能够参与现实变革的公民。

二、在交往实践中确立公益的主体间性

康德不仅确立了主体性道德原则,还将义务论的一系列法则推广至主体间的道德构建。"善良意志"不仅是单个主体确立的"普遍法则",也将有理性的主体视为能够"颁定普遍规律"的道德主体。如此,方能在将每个人都视为目的的前提下,确立普遍的道德准则亦即"绝对命令",并将其作为每个个体都能认同的价值判断终极标准。作如是观,参与式公益之所以不同于"献爱心"式的慈善的重要方面,在于其蕴含着"道德尊严""人是目的""意志自律"等重要伦理命题,而且消弭了主客两分的传统思维范式,将对象性的存在视为主体间性的存在,表征人与人之间互为主体性的关系。

康德的"绝对命令"有一条是:"不论是谁在任何时候都不应把自己和他人仅仅当作工具,而应该永远看作自身就是目的。"①从伦理思想方法来看,"人是目的"具有双重理解维度:"个体善"抑或是"共同善"。从前者来看,"人是目的";从后者来看,人"类"是目的。"人是目的",即便是"最大多数人的最大幸福"也不能遮蔽此目的,否则就会在工具论的借口之下伤害个体自由权利;人"类"是目的,是使经验世界合乎理性世界的要求,就是互为目的

---

① 康德:《道德形而上学原理》,苗力田译,上海人民出版社2005年版,第53页。

性的"交互主体性"存在方式,就是试图达至共享利益与尊严的"目的王国"。也就是说,道德的至善,不能仅仅凭借个体的道德完善,而更要求大家在同一目的中作为整体联合起来。

马克思主义伦理学中的交往观根植于历史唯物主义。把由生产方式决定的交往形式(即各个不同历史阶段上的市民社会),理解为整个历史的基础。交往在历史进程中不断展开其维度:人们永远不会放弃已经获得的东西,但是为了不至于被迫放弃自己的东西,往往会主动改变自己获得东西的方式以及交往关系。马克思写道:"人们永远不会放弃他们已经获得的东西,然而这并不是说,他们永远不会放弃他们在其中获得一定生产力的那种社会形式。恰恰相反。为了不致丧失已经取得的成果,为了不致失掉文明的果实,人们在他们的交往(commerce)方式不再适合于既得的生产力时,就不得不改变他们继承下来的一切社会形式。"[①]在此意义上,必须回归历史唯物主义的本义,将生产关系作为交往关系的现实基础,并在实践过程中创生社会关系,如此才能为重建共同利益创设前提。

社会生活的本质,是人与人之间在感性交往基础上构建或重构人与人之间的关系;资本主义现代社会的本质,则是在上述关系的基础上发展为彼此视为主体的人;对资本主义现实社会的本质之反思,一定意义上是对主体之间的"异化"之批判——而这种批判不仅是理论意义上的"批判的武器",更是实践意义上的"武器的批判"。马克思主义的批判直指西方资本主义社会的"货币拜物教"——货币超出了"一般等价物"的范畴规定,进而充当了现实生活中一切有价值事物的"一切等价物",于是造成了价值混淆、价值替换,造成了"一切自然的品质和人的品质的混淆和替换"。

在"应该"的意义上,人就是人,人对世界的关系应该是一种人的关系。因此,参与公益应该用爱来交换爱,用信任来交换信任,通过艺术修养得到艺术的享受。反之,如马克思在《1844年经济学哲学手稿》(笔记本Ⅲ)结尾处所言——"如果你在恋爱,但没有引起对方的爱,也就是说,如果你的爱

---

① 中共中央编译局:《马克思恩格斯文集》(第10卷),人民出版社2009年版,第43—44页。

作为爱没有使对方产生相应的爱,如果你作为恋爱者通过你的生命表现没有使你成为被爱的人,那么你的爱就是无力的,就是不幸。"①现存西方资本主义世界中的种种"不幸"之所以发生,货币之所以能"使冰炭化为胶漆",能"迫使仇敌互相亲吻",在于人摆脱了对人的依附,却转而成为货币的依赖者。可见,西方参与式公益无法摆脱"个体独立性社会"的局限性。

中国特色社会主义参与式公益扬弃西方资本主义社会公益之处,在于通过为了利益一致的交往实践,能够消除捐助者与接受者的主客两分或阶级差别;在于能够建立"人"对"人"(而非"人"对"物"或"物"对"物")的关系,把属"人"的关系还给交往主体之间的相互认肯与共享尊严。

三、在人民群众实践中确立公益的类主体性

马克思主义继承了义务论对"人的尊严"的关照。人的尊严"比面包还要重要",甚至是新旧道德的分水岭——旧道德"愚民":颂扬懦弱、自卑、自感屈辱、顺从驯服;新道德"成人":颂扬勇敢、自尊、自豪感和独立感。马克思、恩格斯在《神圣家族,或对批判的批判所做的批判》中对旧道德批判道:"陈旧的道德戒律就是行动上的软弱无力,它一和恶习斗争就遭到失败。……(诸如'慈善事业''无比忠顺''克己''忏悔''善与恶''赏与罚''可怕的惩治''隐遁''拯救灵魂'等等)所建立的英雄业绩,也表明了所有这些都不过是滑稽戏而已。"②马克思主义之所以对一切旧道德展开批判,旨在将人类道德建立在人类尊严的基础之上,在人民群众实践中确立公益的类主体性。

为了保障人人得以享有的尊严,就必须从总体上改善人民大众乃至人类的命运。从马克思主义立场看来,人民群众是实现人的解放的主体性力量。这种实践活动的主体是人民群众,是包括男人、女人在内的所有人。马克思主义关注直接从事劳动的工人,发现他们当中蕴含着特有的人类力量。

---

① 中共中央编译局:《马克思恩格斯文集》(第1卷),人民出版社2009年版,第247—248页。

② 中共中央编译局:《马克思恩格斯全集》(第2卷),人民出版社1957年版,第255—256页。

因此,参与公益并不是要对人们进行"道德说教",而是要诉诸人民群众自身的实践去改善自身命运,以及改造人与人之间的关系。马克思主义的深刻性在于,不在个体自身之内寻找人沦为动物的根源,而是要通过实践改变社会关系,确立群众为主体的"主人道德"。这种实践活动是"知"与"行"、"智"与"德"在实践中的统一,人们在互相帮助的实践过程中获得崇高品质,从而一道达至合乎人道的崇高境界。

因此,在参与公益的实践活动中,个体和社会、个体生活和"类生活"应该是统一的。正如马克思指出:"应当避免重新把'社会'当作抽象的东西同个体对立起来。个体是社会存在物。因此,他的生命表现,即使不采取共同的、同他人一起完成的生命表现这种直接形式,也是社会生活的表现和确证。人的个体生活和类生活不是各不相同的,尽管个体生活的存在方式是——必然是——类生活的较为特殊的或者较为普遍的方式,而类生活是较为特殊的或者较为普遍的个体生活。"①公益类主体的特性展现是伴随着实践展开的历史过程。随着"三阶段"的更替,随着社会关系日益丰富,个体自由才能在范围不断扩大、内容更加真实的"类特性"中确立,从而在个人全面发展和他们共同的社会生产能力成为他们的社会财富这一基础上,形成"自由个性"——这就是人类历史演进到"真正的共同体"的"第三阶段"。

也就是说,经过"群体"到"个体"再到"真正的共同体"的否定之否定阶段,自由、自觉、自为的公益"类主体"才能诞生。这个过程从根本上说,是人民群众的实践过程。而要促使这种过程的展开,就需要面向广大学生培育扎根于人民群众的实践理性。

第二节　树立命运共同体意识

促进公益不是一蹴而就的,经由在命运共同体中实践过,理性培育出的

---

① 中共中央编译局:《马克思恩格斯文集》(第1卷),人民出版社2009年版,第188页。

公正之美德方能一如既往、一以贯之、一脉相承。中国特色社会主义的公益教育,应以在践行"中国梦"的过程中,培育具备命运共同体意识的新时代公民为价值旨归。

一、命运共同体的公益价值取向

在西方近现代社会,随着资本主义的扩张与"生活世界的殖民地化",人们之间休戚与共、息息相关的"共同感"也随之消退。一方面,社会生活的"机械团结"取代了传统社会的"有机团结",原子式的个人之间或基于"劳动分工",或基于形式化和理性化的"契约""规则"形成人与人之间的人际关系,实现着不同个人之间的结合。正如滕尼斯指出的,在这种状态下,"尽管有种种的结合,仍然保持着分离。……在这里,人人为己,人人都处于同一切其他人的紧张状况之中。他们的活动和权利的领域相互之间有严格的界限,任何人都抗拒着他人的触动和进入,触动和进入立即被视为敌意。"①如果说在传统社会,每个人都属于某种共同体,都能感觉到自己的血循环于这一群体的血液之中,个人价值是群体精神中的价值组成部分。那么在现代社会,由于个人主观理性占据主导地位,共同体的价值只是投在个人身上的价值之和,恣意的、人为的、基于诺言和契约的人际关系取代了共同体及其结构。在此种条件下,人与人之间那种休戚与共的"共同感"不复存在。个体主义价值取代了共同体主义价值,加重了"共同感"的危机。

虽然法国社会学家涂尔干曾提出过"有机团结"概念,即以劳动分工条件下的互补性关系为基础的团结。然而,他认识到强调以计算性个人自我利益的相互关联为基础的市场组织不会稳定。所以,他指出契约伙伴关系之间除了使他们合作并体现在协议条文中的互补性利益上之外,还具有一些共同利益或旨趣:(1)他们在保证合作关系本身的稳定可靠方面具有共同利益或旨趣,以使这一关系持续到足以实现他们彼此互补的目标;(2)他们在维系制度性体系方面具有共同利益或旨趣,正是通过这些体系,契约关系

---

① 滕尼斯:《共同体与社会:纯粹社会学的基本概念》,林荣远译,商务印书馆1999年版,第95页。

才得以确立和维持;(3)他们在维持更大共同体的团结方面也具有共同利益或旨趣,这一共同体内部的各种关系即显现为契约秩序,并由各种制度加以支撑。由此,以在缔约各方相关互惠的工具性利益之外存在的共同利益或旨趣为基础,还有三个层次的团结——关系的(relational)、制度的(institutional)和共同体的(communal)。①然而,在各种层次的"团结"安排之外,还必须有一种制度性框架以保证这些安排得以落实——这就必然要求进行制度领域的重新架构。

在新近的社会学理论家中,塔尔科特·帕森斯对共同体理论做出了重大贡献。他基于结构功能主义,提出了"影响范式"(influence paradigm)理论。他将行动者影响他人的方式分为四类:(1)物质引诱或曰酬赏;(2)控慑或曰威胁;(3)说服;(4)诉诸道德承当。这四种方式各有一种媒介(generalized capacities)与之对应。见表7-1。

表7-1 帕森斯的影响范式理论

方式	媒介
(1)物质引诱(inducement)	货币
(2)威慑(deterrence)	权力
(3)说服(persuasion)	价值信奉
(4)诉诸道德承当(invocation of moral commitments)	感化

帕森斯认为,上述第三种和第四种方式是现代共同体的核心。任何纯粹的说服行为——即不搞物质引诱、权力威胁——必定取决于对共同体利益的设定。通过说服,达成共识;在感化和被感化中,达成某种程度的联合。帕森斯称这种新型的团结方式为"分立型团结"(differentiation of solidarity),不同于传统集权模式下的"被团结"。

中国特色社会主义具有天然的制度优势。综合上述"有机团结"与"道

---

① 列奥·马修:《凝聚性"公众"的分立成形》,杰弗里·亚历山大、邓正来主编:《国家与市民社会——一种社会理论的研究路径》(增订版),世纪出版集团、上海人民出版社2006年版,第263页。

德承当"的理论元素,命运共同体不是也不应是以利润最大化为目的,并且也不是科层建制。中国特色社会主义事业共同体应突破"企事业单位"的阈限,作为有着丰富"类关系"的道德社群。在此意义上,中国特色社会主义命运共同体可以界定为:在社会主义制度下,具有公益的价值取向、相同或相似的职业理想以及社群归属感的共同体。

二、中国特色社会主义命运共同体的现实分析

依据滕尼斯的共同体理论,共同体内部因存在着共同地缘、共同血缘、共同文化和共同利益等有机的自治元素,从而起到维系共同体发展的作用。中国传统村落与"单位"具有上述"自治元素"的雏形,但还未充分发育,因此是"自在型共同体"而非"自为型共同体",必须调动各方面参与公益的因素并以构建命运共同体为依归。

总体来看,我国的城市社区,脱胎于计划经济"机关办社会""单位办社会"甚至于"企业办社会"的土壤。从主体上分,有国家利益、部门利益、单位利益、个人利益,当上述利益主体出现矛盾之时,往往采取个人服从集体、下级服从上级的方式解决;我国的乡村社区,表现为对集体经济(包括山林、土地、经济实体以及其他农业资源等)的共同拥有,农村公共生活相对缺乏,农民公民意识比较欠缺。美国学者沃尔德(Andrew Walder)认为,"单位"是一个由高度制度化的"庇护者—受庇护者"的庇护关系所构成的基本社会单元。在"单位"里,群众对党和意识形态的忠诚是与庇护对象对庇护者的个人忠诚关系交织在一起的,从而确定了一种具有中国特色的"单位亚文化"。中国的单位现象主要是指中国社会各阶层人的社会行为通过组织功能多元化的特殊社会方式,被逐一整合到一个个具体的社会组织即"单位"之中。在改革前的中国社会,除了资源垄断制度之外,在组织结构方面最重要的是城市中的单位制和农村中的人民公社制度。它们不仅是社会整合的基本机制,也是国家实施社会控制的重要手段。在这一"总体性社会"(totalist society)中,尽管人们所在的工作机构的性质千差万别,但都有一个共同的称呼,那就是"单位"。单位赋予社会成员权利、身份和合法性,满足他们的各种需求,代表和维护他们的利益,控制他们的行为。

随着中国社会向市场经济的转向,出现了事实上的单位体制和非单位体制并存的社会结构方式。显然,不同"单位"之间的利益协调,不能靠组织动员或说服劝导就可以轻松实现。在中国特色社会主义新时代,应在"法治中国"背景下,突出通过多元主体协商,消除利益纠纷,进而达成利益上的共识。

案例　泰州"天价环境公益诉讼案"①

最近10年,伴随着中国经济发展和环境质量的快速变化,更伴随着公众环境觉悟和社会组织参与意识的不断提升,环境公益诉讼的制度建设和司法实践,由于各界人士的不懈努力,其演进步伐十分显著。2005年《国务院关于贯彻落实科学发展观加强环境保护的决定》首次明确提出鼓励社会组织参与环境监督,"推进环境公益诉讼";2012年修订的《中华人民共和国民事诉讼法》增加"法律规定的机关和组织"可以提起环境公益诉讼;2014年修订的《中华人民共和国环境保护法》特别授权符合条件的社会组织可以提起环境公益诉讼。

2014年12月29日,江苏省高级人民法院做出终审判决:被告常隆农化等6家企业因违法处置废酸污染水体,应当赔偿环境修复费用1.6亿余元。本案因此被称为"天价环境公益诉讼案"。2014年12月4日下午,江苏省高级人民法院院长许前飞开庭审理"天价环境公益诉讼案"。这起由环保组织做原告、检察院支持起诉的环境公益诉讼案件,不仅参与主体最特殊、诉讼程序最完整,而且涉案被告最多、判赔金额最大,同时探索创新最多、借鉴价值最高,展示出人民法院鲜明的环境司法政策,堪称示范性案例。

(1)环保组织作为原告提起诉讼。作为一起具有影响的环境公益诉讼案件,本案最大的亮点无疑在于原告身份的特殊性。泰州市环保联合会依法登记成立,针对企业污染环境损害公共利益的行为,依法提起公益诉讼,被法院受理,并索赔成功。本案中环保组织胜诉,也势必会对其他环保组织带来新的信心。

---

① 《环境公益诉讼的成功探索》,湖北水事研究中心网,2018年9月24日,http://hbssyjzx.hbue.edu.cn/96/92/c4759a104082/page.htm。

（2）人民法院态度开放。泰州市中级人民法院和江苏省高级人民法院的领导与法官不仅展示了法官对法律的严谨，而且表现出很高的环保理念、生态觉悟和社会责任。一审、二审判决不仅支持了环保组织，同时也教育和增进了企业的环境守法意识。特别是江苏省高级人民法院院长亲任审判长主审环境公益案件，相信对其他地方必将产生影响。

（3）人民检察院支持诉讼。泰州市和江苏省两级检察院，作为支持起诉人，分别在一审、二审出庭，旗帜鲜明地发表意见，明确支持环保组织维护环境公益。这不仅是对环保组织的有力支援，也是对违法企业的特殊震慑，传达了非常积极的环保正能量。

（4）环保行政部门的积极配合。本案中泰兴市、泰州市、江苏省几级环保部门及其所属监测机构，都给予了有力支持，特别是给予水质监测和基数认定方面的协助，也对其他地方环保部门在类似诉讼案件中配合司法机构提供了有益的先例。

（5）专业机构的有效参与。本案中不仅环境监测站提供了样本数据，还委托环科学会提供了评估鉴定性质的技术报告，并特聘大学环境教授作为专家辅助人员提供技术辅助，出庭就环境生态专业方面的技术性问题进行说明和解释。这些做法完全符合环境案件的技术性特点，也体现出环境司法的专业性特征，因而是十分必要的。……

在上述案例中，惩罚只是手段，企业赔偿不是目的，最终是为了修复生态共同体。而生态共同体的维系，有赖于该"生物圈"的各主体构建出利益协商机制，以及处理矛盾的解决机制。在上述涉及环保公益的案例中，有政府、企业、社会组织等多方介入，可以说是参与公益共同体维系与发展的典型。

毋庸讳言，构建公益共同体必须基于社会背景，破解体制难题。从总体来看，社区共同体建设虽已引起各级党政的高度重视，但尚未完全从"两头热中间冷""党政热部门冷""行政包办热民主自治冷"的窘境中走出。归根结底，社群之构建触及政府公权之重构。美国社会学家列奥·马修（Leon Mayhew）在《凝聚性"公众"的分立成形》一文中指出"当公益观念只被界定为政府目的时，其中未必有民主的意味。然而，当思想家们都认同公众乃是其自身利益的终极判断者时,公益观念就决定性地转向了民主理路"。①沿着这条理路,政府、企业等部门(单位)或可满足自身利益,但不能将利益最大化作为价值取向。当然,从道德层面约束、劝说企业放弃自身利益是无效的。现实的做法,当是在政府主导下,明确社群事业共同体中的(职)责、权(力)、(权)利(益)。一言以蔽之,将在法治框架下通过协商达成共识的公益作为价值追求。

三、"我们"在命运共同体中参与公益

正如有学者指出:"命运共同体的重要创新在于,将美好的精神性的人类共同体奠基于现实生活,即全人类大致相同的生命轨迹和情感生活,而从根本上说,奠基于每个人都共有的不可或缺的有血有肉的物质性的身体存在。"②"我们"的公益之实现过程,是实现地方社群向公共政治提升,进而依托历史文化重构"良序社群"的渐进过程。具言之,就是将"单位""村镇""部门""行业"等次级组织加以提升,以公益为愿景从事"共同体化"的改造,进而构建中国特色社会主义事业共同体。

从道德与道义角度来讲,社会主义国家本应就是"大家庭"。中国特色社会主义命运共同体中的组织认同即形成"我们感",这意味着个体将自己归属于群体,自我认定是组织中的一员。在此意义上,命运共同体不是"我的"或"你的",而是"我们的"。在该命运共同体中,组织认同与组织承诺相伴而生。组织承诺不同于或不单纯是员工与企事业单位签订的"劳动合同",毋宁说是一种"心理约定"或"道德契约"。因此,它可表现为工具取向、情感取向和规范取向三个维度。其结果便是形成组织公民行为,表现为一种助人的、尽职的公民道德的行为。这种行为是对组织的认同,而不是人身依附或机械的等级从属关系;是与组织有工作契约,但又不限于契约的内容。

---

① Jeffrey C. Alexander, Paul Colomy. *Differentiation Theory and Social Change. Comparative and Historical Perspectives*. New York: Columbia University Press, 1988. pp. 294–322.

② 强东红:《命运共同体的现实基础及其美学意义》,《西南民族大学学报》(人文社科版),2018年第11期。

案例　"爱的背包"公益项目在京启动　关爱留守儿童

"我想见爸爸妈妈一面","我想外婆来我们家一起过年",这是西北地区两名留守儿童的朴素愿望。5月27日,由伟鸿高端教育基金(简称鸿基金)主办,旨在关爱留守儿童健康成长的"爱的背包"公益项目在北京启动。该项目主题为"爱让世界更美好",通过向中西部地区留守儿童捐助"爱心背包",强化对他们情感的关注和呵护。

根据鸿基金公布的调查数据,88.3%的留守儿童只能靠电话和父母联系,而没有机会见上父母一面。在他们当中,53%的人跟爸爸妈妈的通话时间不到3分钟。有64.8%的人要经过一周以上或者更长的时间才能和自己外出的父母联系一次,而8.7%的儿童甚至从来就没有和父母联系过……留守儿童除了物质生活贫困外,也无法享受到父母情感的关爱,亲情缺失成为他们健康成长面临的重要问题。

贴好邮票的信封、"童话大王"郑渊洁的《鲁西西传》、手电筒……鸿基金及该项目发起人——央视主持人陈伟鸿一一介绍放在"爱心背包"里的物件,"这是一些特别的礼物,是送给孩子们的与父母维护情感的纽带、课外读物以及生活必备的贴心工具,让广大留守儿童感受到社会的温暖和关爱"。

中国社会福利基金会理事长刘光和表示,"爱的背包"公益项目在"六一国际儿童节"到来之前启动,关注留守儿童的安居与冷暖,"随着我国城乡一体化改革的推进,留守儿童的问题会逐步解决,但是仍然需要一个过程,希望能有更多的民众和企业参与进来,奉献爱心,并把公益落到实处"。

现场公布的数据显示,此次认捐的"爱心背包"价值金额超过300万元人民币,将首先面向"4·20"芦山地震灾区、青海地区、重庆地区等地区展开。启动仪式之后,包括酷派、喜临门等在内的认捐企业将随同鸿基金工作人员赴西南边远地区进行项目调研并派发"爱心背包"。①

通过上述案例可以发现,就人民对美好生活的向往对象而言,教育资源固然重要,但明确"我们"的共同体成员身份,加强组织认同与情感关切更为

---

① 《"爱的背包"公益项目在京启动　关爱留守儿童》,中国新闻网,2013年5月27日,http://news.eastday.com/society/2013-05-27/267546.html。

重要。真正的公益项目不应简单看成是为谁"服务",而是通过参与公益结成命运共同体,在真正的命运共同体中参与公益。

伴随着中国现代化进程,出现了马克思所说的"以物的依赖性为基础的人的独立性"社会迹象。同时,人际关系也更加容易陷入"单子式"个人的冷漠。我国公民教育培育实践理性的路径选择,应当直面现实问题,帮助学生转"识"成"智"、转"智"成"德"。在学校教育中,应在构建命运共同体中,寻求权利与义务的平衡。这就要求树立命运共同体意识,其不仅是"爱的奉献",更是"爱的传递"与命运相通。

第三节　推进中国治理现代化

治理现代化需要社会各方面力量的参与。正如俞可平提出,"国家治理体系的现代化必须超越任何组织和群体的局部利益,而以中华民族和全体人民的整体利益和长远利益为着眼点;不仅要集中全党的智慧,而且要集中全国人民的智慧;不仅要有政治精英的参与,也要有普通民众的参与;不仅要依靠党组织强大的政治动员能力,更要严格遵循民主执政、依法执政和科学执政的基本方略"。[①]在此意义上,参与式公益以最大限度推动社会发展为指向,通过建立政府、企业与公民团体之间的信任与合作关系,实现对公共事务的合作管理,从而实现"善治"。

一、实现治理现代化需要多元主体参与公益

改革开放以来,中国社会治理方式呈现出客观的变化:企业主与干部之间的协商有了更大的余地,公民在市场领域形成契约关系,"单位"之间某种程度的水平性整合也在显现。上述变化,引起了不同主体的不同情感归属与利益诉求。在一定程度上讲,中国社会自下而上地涌动着参与的潜能。

---

① 《俞可平:推进国家治理现代化的六大措施》,2014年4月2日,光明网,http://theory.gmw.cn/2014-04/02/content_10871650_4.htm。

进而言之,社会重构过程,应是多种理性主体的发育过程。当代中国的公共领域的结构转型,应当是生活世界的统合与再造。交往生活的发生,并不仅仅是私域与公域、经济与国家的逻辑之融合,也是各种社会中介组织的再创造。

在中国特色社会主义新时代,"第三领域"呈现出多元主体的复合构建方式。"第三部门"是作为国家与公民二元格局中的一种"中介"组织,其参与公益是对二元紧张的现代社会治理的一种改进和探索。因此,"第三部门"不是横插过来的"第三只手",而应纳入多元主体参与共同治理中来考量。正如黄宗智所言:"我们需要破除将国家与社会做简单二元对立的旧思维定式。与公共领域/市民社会模式的图式相反,中国实际的社会政治变迁从未真的来自对针对国家的社会自主性的持久追求,而是来自国家与社会在第三领域中的关系的作用。"①就三个制度领域的逻辑而言,理应发挥着系统整合的功能。当生活空间与系统之间互相影响的方向和互相渗透的程度涉及规范性原则的问题时,国家与经济之间互相渗透的程度及其方向就成为纯粹的技术问题。通过诠释由规范保证的或者由交往创造的共识,在生活空间中发挥着整合功能。②

当下,从传统共同体中剥茧而出一种多重要素混杂的新型共同体。这种共同体尚未发育成熟,毋宁说正在转型之中。当代中国急需将农村村民自治组织通过公益参与的力量整合起来,同时赋予城市"单位"以公益属性。

二、通过参与公益营造现代公共生活空间

生活空间标识的是人们默会的传统的存储器,根植于语言和文化之中,从而构成了交往行为的背景性预设。公共生活空间通过语言结构的存贮、不可动摇的信念的积累,为交往主体提供可以信赖的凝聚性路径,从而成为

---

① 黄宗智:《中国的"公共领域"与市民社会》,A. 美杰弗里·亚历山大、邓正来主编:《国家与市民社会———一种社会理论的研究路径》(增订版),世纪出版集团、上海人民出版社2006年版,第425页。

② 俞可平:《论国家治理现代化》(修订版),社会科学文献出版社2015年版,第13页。

公民参与公益的理想空间。

公共生活空间有文化、社会和个性三个有机组成部分,当行为者就他们的境遇达成互相理解和互相承认的程度时,他们就共享一种文化传统。就他们通过主体间所承认的规范来协调其行动而言,乃是作为一个休戚相关的共同体成员去行动。由于个体是在一个文化传统中成长并参与共同体生活,所以他们内化着价值取向、习得一般的行动能力,并形成了个人认同与社会认同。在交往媒介中,不仅繁衍着文化语言的背景,而且也生发着生活空间的第二向度,亦即其制度的组成部分,或者社会学意义上的组成部分——这牵涉到文化传播、社会整合与社会化等方面的繁衍过程。

在从传统社会到现代社会的转型过程中,中国人的公共生活空间得以重新形塑。伴随着知识存贮的形式、可信任的凝聚性以及日益彰显的个性能力,公共生活空间的重构涉及一系列机制问题。这既不能单纯存在于公民成长赖以生成的文化背景中,也不能存在于经济(货币)之中,亦不能受制于科层化结构(权力)之中。毋庸讳言,货币与政治权力要想成为具有积极意义的媒介,就需要在真实的生活空间去被制度化,而这种制度化的实现乃是经由民法(私法)与公法的互动机制去完成的。这种机制不仅构成了机制复合体,而且也实现着"公域"与"私域"的一分为二,而后又合二为一。在社会与国家之间,存在着结构性的相互关系。法定权利、结社或交往以及各种自主的因子,价值达成共识的能力、增强凝聚性的观念以及个人资质、资源等,都为多元主体参与共同治理提供着基本要素。

案例 老小区试点装电梯的问题解决

吕大伯这个单元一共有十位老人,去年他就牵头找了两户人家,一共三个人为单元楼里加装电梯"跑腿"。联系上电梯公司,对方给他们出了一份初步的图纸,资金分配方案也商量出来了,但在签字公示时遇到了问题,2楼一户人家在国外没法签字,1楼的一户人家则一口气提出了6点反对意见……

2017年11月30日,杭州出台了《关于开展杭州市区既有住宅加装电梯工作的意见》(以下简称《意见》),提出在杭州市区范围内四层以及四层以上的非单一产权既有住宅加装电梯,政府给予每台20万元的补助。《意见》里提到,涉及管线迁移所需的费用无须由业主承担,电梯安装不得增加或变相增加住宅使用空间,建筑面积不计入容积率。如果电梯安装占用了业主专有部分,还要征得该专有部分业主的同意。关于资金筹措,《意见》里提到,既有住宅安装电梯所需建设资金及运行使用、维护管理资金主要由业主承担,具体费用应根据业主所在楼层等因素协商,按一定分摊比例共同出资。业主可以申请使用本人及配偶的住房公积金、住房补贴。对于杭州市区的四层及以上的老旧小区集体申请加装电梯,政府给予每台20万元的补贴。[①]

当前,中国正在大力推进大城市建设。人是城市建设的主体,这种人不是"抽象的人",而是现代意义上的市民(citizen),也就是公民。在从传统社会向现代社会的转型过程中,社会学层面上的分化,已然将那种"差序格局"(著名社会学家费孝通的用语)打破了,进而出现了一种对传统的批判以及反思性的关系。而能否承认这种关系的形塑,推动各种类型公民团体之间的沟通,体现出现代政府的眼光和胸襟。这种空间,涵容传统、规范与权威几方面,具有一种沟通开放功能。这种沟通开放的对象是由一种以沟通为基础的规范性共识对一种以传统为基础的规范性共识的取代和质疑的过程。因此,能够在协商过程中涵育公民的理性思维,是评判公民主体参与能力的重要考量。正如哈贝马斯所指出的,交往行为以沟通为取向,"'沟通'一词的基本含义在于:(至少)两个具有言语和行为能力的主体共同理解了一个语言表达。"[②]因此,应该使分化的道德-法律文化价值领域逐渐摆脱神圣秩序各种残余的影响,并通过这些后传统的形式,实现生活世界现代结构对法律制度和法律实践的渗透。

在此意义上,参与解决公益问题的过程,伴随着理性主体参与共同治理的民主法治进程。公益的实现不是某个政府部门所能达成的,而需要立法机关、行政机关、司法机关的共同努力。除此之外,还需要社会力量的广泛

---

① 《杭州出台既有住宅加装电梯新政》,2017年12月5日,浙江新闻网,http://zjnews.zjol.com.cn/zjnews/hznews/201706/t20170620_4311725.shtml。

② 尤尔根·哈贝马斯:《交往行为理论》,曹卫东译,世纪出版集团2004年版,第292页。

参与和支持,包括广大公民及其专家学者的广泛参与,新闻媒体的舆论监督,具有公信力的非营利组织(评估机构)的客观评估,等等。通过多元主体的共同努力,才能构建起有关公益的"善治"框架。

三、在参与公益中重塑社会治理方式

20世纪70年代末以来,西方发达国家施行的政府改革引起了极大的社会反响。"重塑政府运动""政府新模式""市场化政府"等成为时髦的口号,新公共管理模式研究应运而生。管理学者赫克谢尔(C. Heckscher)指出,政府改革打破了单向的等级指挥关系,建立了互动交流和导向管理,并开始向"后官僚组织"变迁。国际著名的政府治理与改革问题研究专家B. 盖伊·彼得斯(B. Guy Peters)在《政府未来的治理模式》一书中,从分析传统行政模式出发,阐明了各国政府竭力构建新治理模式的原因,并从各国政府的革新主张和主要发达国家的政府改革实践中,梳理归纳出四种未来政府治理模式:市场式政府(强调政府管理市场化)、参与式政府(主张对政府管理有更多的参与)、弹性化政府(认为政府需要更多的灵活性)、解制型政府(提出减少政府内部规则)。

中国社会治理当然不能将西方管理理论简单套用。但是,即便从贯彻社会主义民主来说,也必须承认公共事务的治理主体绝非只有政府一家——其他非政府公共组织、社会团体、企业、社区乃至公民个人也可以在社会主义制度框架下,成为社会治理主体,从而真正体现"人民当家作主"。

案例 "和谐公园"

2005年开工的深港西部通道侧接线(公路)在深圳遇到20多万居民的反对,因为他们担心每天6万辆车的流量会严重污染环境和影响生活质量。居民们组织起来,捐款集资,聘请名律师与政府谈判。在这种条件下,政府也没有强行施工,而是聘请北大和清华的环境工程专家参与评估。最后,政府修改了施工方案,从原初的地上公路修改为半地下公路,最后变为全封闭地下公路。在该事件中,官民谈判持续两年,政府增加预算13亿人民币,但

是居民很满意,把公路上面的城市公园命名为"和谐公园"。①

通过上述案例可以发现,公益的实现过程,虽然可能触及政府权力,但不一定就会导致"官民冲突"。在一些发达地区,公民的权利意识已经成为公共政策施行过程中不可忽视的因素。

虽然公益的达成结果,还在相当程度上取决于参与者的组织能力和谈判能力,但是揭示出在参与公益中重塑社会治理方式的未来可能。因此,公民教育应通过培养有能力促进公益的公民,达成社会和谐之目的。公益当然不是放纵个人私利,也不仅意味着承担义务与共享权利,更有"我们"一道实现共同体成员幸福感之含义。正如涂尔干所言:"经济功能本身并不是目的,而只是实现目的的手段;它们只是社会生活的一个器官,而社会生活首先是各项事业和谐一致的共同体,特别是当心灵和意志结合起来,为共同的目标努力工作的时候。"②

---

① 杨光斌:《公民参与和当下中国的治道变革》,《社会科学研究》2009年第1期,第22页。

② 涂尔干:《职业伦理与公民道德》,渠敬东、付德根译,上海人民出版社2006年版,第14页。

——— 第八章 ———
中国参与式公益的教育策略

中国参与式公益的教育策略,应结合时代背景将公益理论实践化,从而优化公益项目方案,构建公益学习共同体,以及构建公益网络社区。

第一节　优化公益项目方案

一、厘清目标:学生公民与政府一道实现"善治"

"善治"是法治与德治,也是"共治"。正如前文所述,真正的参与式公益体现出公民的主体性和主动性,体现出权利与义务的辩证关系。正如学者郭道晖所言,"公民参与管理国家、管理政治,不能只当作是执政党和政府'依靠群众''走群众路线'的工作方式,或调动民智民力的策略,更不能当作是党和政府的恩赐,而应明确这是不容忽视的公民宪法权利"。[①]在参与公益的过程中,应告知学生可能会出现协商、妥协乃至博弈。当然,应力求实现"双赢"而非"零和博弈";权利不应通过权力扩张、膨胀以及监控网络实现,而应当通过学生作为多元主体之一参与公益以实现"善治"。

————————

① 郭道晖:《社会权力与公民社会》,译林出版社2009年版,第327页。

　　当下一些公益项目方案中,有两种极端表现形式:或者突出了政府行为,公益成为政府救助的延伸;或者通过民间自发行为进行捐款捐物,公益成为非政府行为。就前者而言,缺乏真正的公民参与;就后者而言,往往造成非政府组织(NGO)可能挑战政府权力的误解。而实际上,参与式公益是指一个政治制度框架或政治结构之中最基层的权力运作过程。基于不同的视角,可以将其理解为一种政策过程,或者一种民主发展形式,或者一系列现代国家构建的方式与手段。但无论基于哪种视角,参与式公益的核心要义是运用权力规制权利、运用权利制约权力。在此意义上,公民既不是炫耀其权利的人,也不是顺从于非法权力的人,而是参与社会构建及反思社会问题的理性主体。因此,需要引导学生识别决策、管理、监督等权力环节的制度化、规范化和程序化,充分发挥学生在参与、表达、对话、协商、监督等实践过程中的主体作用,从而提升其民主素养、锻炼其民主意识、形成民主文化。

　　值得一提的是,学生主体参与公益的机制并不构成对现有制度的挑战。毋宁说,分化的过程会在每一个制度综合体中延续不断。有学者指出,在发达地区,“公共治理模式正经历从命令式管理到协商式管理,从政府主导优先到社会自主优先,从政府替民做主到公民自我做主,从政府政绩导向到民众满意导向等转变。”[①]同理,在“00后”学生参与意识、参与能力更强的情况下,更加需要引导学生参与公益理性化,从而实现学生公民与政府一道实现“善治”。譬如,可以引导学生适当观察地方政府社会治理创新的生动案例,开展“模拟法庭”“模拟政府”“模拟听证”等活动,为学生将来参与社会治理进行“预演”。

二、优化路径:培养学生的“问题解决”能力

　　研究发现,一些慈善项目因行为人捐助之后就了事而陷于简单化,一些“爱心工程”因主人公承受损失而陷于苦难化。其根本原因,乃是因为公益项目缺乏“问题导向”或“问题意识”。参与式公益教育应直面现实问题,帮

---

　　① 唐灿明:《走向多元主体实质性参与的共同治理》,《中国浦东干部学院学报》2012年第7期,第125页。

助学生转"识"成"智"。在公益化实践教学设计中,应尝试"问题解决"式教学。"问题解决"式教学不是"解决问题"式教学,而是理论理性与实践理性合二为一的教学。因此,能否在协商过程中涵育公民的理性思维,是评判公益化实践教学改革效果的重要考量。在解决问题的过程中,还需要突出在"法治中国"背景下,培育理性主体参与共同治理的"问题解决"能力。

教育是引导学生直面现实,进而向着理想社会生成。理想的社会不应是私人利益的"冲突体",也不应是团体利益的"协调体",而是为了公共利益而凝聚在一起的"集合体"。中国特色社会主义公益参与,应以社会主义核心价值体系为引领,培育出能够参与社群事务,进而参与构建社会主义和谐社会的良好公民。因此,在"小—中—大"德育理论与实践课程中,应扬弃"亲望亲好、邻望邻好"等传统美德,立足本土社群教育资源、借重基层民主自治等社会管理经验;以社群中的问题为主题,丰富学习单元、深化学习内容、拓展学习空间,实现学校、社群和政府等社会各种力量之间的良性互动,进而构建中国特色社会主义社群参与模式;就阶段性公民资质教育而言,小学可以通过情感教育使公民养成公民资质,中学可以通过理性教育使公民养成公民资质,大学应增添反思批判维度。我国学校公民参与社会管理的可能方案,是将"公益服务项目""志愿者计划"以及"暑期实践活动"等工程纳入整个学校课程体系规划,实现服务者与服务对象共同养成公民资质的课程教学目标。

就学生实践路径而言,"为人民服务"是必须明确的。服务社会先要能够服务社群,服务人民先要具备公民资质,需要在社群中转化为切实的道德践履。在此意义上,"为人民服务"不是抽象的,而是体现在学生能够带着深厚的文化底蕴,将所学知识、技能以及情感、态度和价值观融贯地应用到从事公益的实践过程中。

三、提升水平:养成公民美德

参与公益只有通过教育养成公民美德,方可持久地促进社会进步。公民美德不仅包括责任感、自律、同情心、尊重个人价值和人类尊严等个人品性,也包括礼貌、守法、公民意识、批判意识、忍耐力以及磋商和妥协意愿等。

譬如,"进社区"服务弱势群体一度是"思政课"实践的亮点。但是,不同的公民资质观指导着不同类型的服务学习项目,进而养成不同形式的公民资质:"个人责任式"(the personally)、"参与式"(the participatory)与"正义导向式"(the justice-oriented)。教育学者富尔科将"服务学习"与"志愿主义"做出了明显区分:"在作为一种体验式教育的服务学习过程中,服务者与服务对象均受益匪浅——服务得到提供,学习得以发生。"也有学者区分了两种不同目标的服务学习项目,一种以慈善为目标,一种以公民为目标。慈善目标强调服务乃是利他主义的践行方式,公民目标则强调在权利与义务的平衡中共担责任。[①]然而无论何种"版本",学校公民在参与社群管理过程中,承担着协商解决问题、再造传统社群以及构建命运共同体的使命。

案例 "西部阳光行动"

1998—2002年,一个年轻人——尚立富以骑自行车、步行的方式,对西部农村教育状况进行了广泛的考察,行程4万多千米,经过多个省、自治区、直辖市,拍摄照片万余幅,写出了几十万字的调研报告,真实地记录了西部农村教育的面貌。2004年7月,"西部阳光行动"支教服务队正式启动,首都各大高校的135名志愿者组成了10支小分队,分赴西部进行志愿服务。2006年,西部阳光基金会成立,"西部阳光行动"作为精品项目面临新的挑战和机遇;2007年,"西部阳光行动"的志愿者调研集《隐痛与希望——解读中国西部农村教育》出版;2008年,除正常活动外,"西部阳光行动"专派5支大学生团队到四川绵竹、四川擂鼓、陕西略阳、陕西宁强等地震重灾区,开展以建立流动图书馆和儿童快乐成长夏令营为主题的志愿服务活动;2009年12月5日"国际志愿者日","西部阳光行动"6周年志愿者大聚会。6年来,1500名志愿者的足迹走到了40多个遍布在安徽、甘肃、宁夏、陕西、四川、贵州、青海、山西等地的西部贫困山区村庄。服务儿童37500名,服务村民1700余户;2010年,"西部阳光行动"同心平公益基金会以及美国的公益组织Feel

---

① Richard U. Battistom. "Service-learning and Democratic Citizenship". *Theory Into Practice*, 1997, 36(3): 150-156.

Good World开展合作,开始实践经验的全国推广工作。经过2010年的改革和探索,它已经从单一的"假期支教项目"发展为"大学生公益教育探索","西部阳光行动"将以START服务学习行动和积极心理学为行动理论,以"助梦""助力""助长""助业"四种方法为行动策略(项目产品),继续肩负使命,为大学生公益加油、助力。

在2010年10月,由西部阳光基金会项目主管刘斌首先提出"START服务学习行动"并逐步完善,"START服务学习行动"即是对"西部阳光行动"促进青年发展的理念的梳理,也是为大学生"服务他人,塑造自我"提供的一种方法论,为青年发展助力。"西部阳光行动"希望让大学生经历个人挑战,建立自我认知;经历团队挑战,学会团队协作;通过服务他人,建立服务学习意识并掌握相关方法论;通过和服务对象的互动及沟通训练,培养良好的共情能力和人际交往能力,进而强化学习动力和学习的针对性。同时,在主动应对团队挑战的过程中,再次强化个人认知、团队协作和服务学习。[1]

通过上述案例可以发现,公益不仅是给予,也是获得;服务学习不仅是教育,也是自我教育。中国特色社会主义公益教育,要求师生一道立足"真正的共同体"。通过在参与共同体中开展公民参与以及服务学习,关心民众疾苦、关注社会发展、关怀人类命运,进而养成以公正、友善、仁爱等为元素的公民美德,成长为能够担当责任、破解现实问题的社会主义"四有"公民。

第二节 构建公益学习共同体

共同体是公益的立足点,真正的公益与共同体内在相通。在学校教育领域,应以中国特色社会主义公益观为指引,将参与公益与学习共同体结合起来,构建公益学习共同体。

---

① 《一个年轻人——以骑自行车、步行的方式,发现的西部阳光》,2017年3月15日,https://mp.weixin.qq.com/s? __biz=MzIzNzI2NzEyMg%3D%3D&idx=1&mid=2653016793&sn=9277feac45fd2f62b2403c34000e1237。

一、立足社区构建学习共同体

"学习共同体"(learning community),也可译为"学习社区"。"社区"是指"在一定地域内,具有共同意识和共同利益的社会群体",而"学习型社区"从本质上讲,就是"以一定地域为依托,以社区终身教育体系为基础,通过开展社区居民终身学习来促进社区发展和社区居民素质提高的社会共同体"。[①]从教育意义上来讲,学习共同体是支撑以知识构建与意义协商为内涵的学习的平台,其以终身学习理念为关照,以培育完善的学习型组织为手段,以社区全体成员为对象,以整合各类学习资源为途径,以促进社区成员的素质和生活质量提高、实现社区的可持续发展为目标。

以学习型社区为载体,在社群中构建学习共同体,应该发挥各方积极主动性,结合社群具体实际、具体问题进行创新。一是发挥居民委员会(业主委员会)、基层党组织的积极功能,拓宽居民、业主参政议政的渠道;二是充分运用新建小区的现代化设施,发挥新兴媒体、网络平台等新技术手段,组建网络学习团队;三是搭建政府、物业、小区以及学校多方参与和共享平台,拓延休闲娱乐场所为学习参与场所,调动图书馆、博物馆等公益场所的学习资源,鼓励大中小学生在社区开展服务学习,等等。

从参与公益教育来讲,还应立足学习共同体建设公益学习共同体。一是加强学科建设和专业培训,培养社区管理的专业人才。可以依托大学、学院通过开设社会工作、社区管理与服务、人力资源开发等专业课程来培养社区所需要的专业人员,为社区工作的开展提供人力资源上的保障,将有力地促进社区工作者的专业化发展。在党校和一些培训机构对他们加强学历教育的同时,还要把开展专业培训作为社区社会工作者教育的重要方面,对现有社区社会工作者开展多种形式、不同层次的职业培训,从而全面提升他们的职业素养和专业水平,帮助这类半专业化的社区社会工作者实现专业化。二是为社区工作者职业发展建立制度保障。例如,建立资格认证制度,完善公平、公开、合理的选拔任用制度,形成合理的管理激励制度,等等。三是加

---

① 黄云龙:《社区教育管理与评价》,上海大学出版社2000年版,第138页。

强理论研究,将理论深入社区实践。在中国特色社会主义理论体系的指引下,如何构建具有中国特色和本土特色的民主理论及社群建设理论,是学界和继续教育工作者的共同使命。

二、帮助学生学会与社会各方民主协商

社会主义协商民主是中国共产党民主政治实践的重大成果,是发展中国特色社会主义民主政治的必然选择。始终坚持中国共产党的领导,积极开展基层协商民主,促进公民有序政治参与,切实引导群众以理性合法的形式表达利益诉求及以适当方式的协商达成共识、化解矛盾,是大力发展社会主义协商民主的根本目的。着力优化政协组织建设,大力拓展统战部门的协调服务范围,全力推进基层民意代表的培育,是发展基层协商民主的有效路径。

中国协商民主实践以参与包容性、讨论平等性、制度权威性等鲜明特征,大大增强了公共决策的合法性,提高了公民参与公共协商的积极性、主动性,增强了公民对共同体的认同感、责任感,提升了社会整合水平。基层民主运行的主体是公民,以公民为主体而展开的公民协商是基层民主的重要形态。公民协商在中国已呈现出四种形态:决策性公民协商、听证性公民协商、咨询性公民协商、协调性公民协商。但从整体上讲,中国的公民协商还不成熟,还需要更大的发展。在中国发展公民协商的关键,就是要把发展公民协商与基层民主建设有机统一起来,使之成为中国基层民主建设的战略任务。为此,我们应该努力协调党社关系、深化基层自治,整合基层民主、规范民主运行,建设公议体系、培育公民协商。

学校公民参与协商民主,有助于扩大基层民主的自治性和参与性,即让公民能够在这个空间以及这个空间所形成的民主舞台上充分行使其民主的权利,实现当家做主。学校是不同人共同学习的公共空间,有着相互开放、异质文化相互交流的特点,肩负着建设社会主义民主、实现所有学生的学习权的共同使命。正如日本学者、学习共同体倡导者佐藤学所指出的:"在学校这个小社会中,人人都有自己的角色与定位,有教师、学生、家长等,人人

都受到尊重,都享有学习的权利、自由表达的权利,每一个人都是主角。"[1]在民主法治的基础上,学生参与民主协商应注重协商共议、平衡各方的政治智慧和体制机制,保障公共利益的合法性实现。在此意义上,参与式公益的实效性,就是尽最大的可能保证学生公民的有序公共事务参与,并在公共政策的制定和执行过程中发挥作用,实现社会善治。

三、在参与公益中构建学习共同体

中国参与式公益应立足"真正的共同体",批判地吸收国外公益教育教学的有益因子。在教育教学过程中,应进一步启发学生的命运共同体意识,帮助他们提高商讨、商谈、协商等公民技能以及法治思维和法律素养,培育作为学生公民与政府及社会各界一道促进公益的实践能力,从而通过共同体成员之间的互帮互学,作为理性公民主体参与推进国家治理体系与治理能力现代化。

案例　负责任地行使监督权利[2]

镜头一:俊杰所在村的垃圾场污水横流,污染了空气和河流。乡镇企业的大烟囱冒着滚滚浓烟,学生上课时只能紧闭门窗。俊杰给市长写了一封信,反映这些情况,并强烈呼吁:不要再破坏环境了,还我们一片蓝天！这封信反映的问题受到有关方面的高度重视,并最终得以解决。俊杰也因此荣获了"建言献策奖"。他是该奖设立以来唯一一位未满18岁的获奖者。

镜头二:刘霜每天上学都要经过一条国道。这条国道在修建初期地处郊区,近几年随着城市的发展,它已成为横穿市区的主要街道。但是,由于没有设置红绿灯和交通护栏,这里常常发生交通事故。为此,刘霜和同学一起找到当地的人大代表反映情况。在人大代表的督促下,有关部门迅速设置了红绿灯和交通护栏,使这条"要命路"变成了安全道。

镜头一和镜头二的主人公为公益做出了贡献,也具有一定的公民责任

---

① 吴井娴:《通过对话来学习:佐藤学的学习共同体述评》,《上海教育科研》2016年第1期,第40页。

② 教育部普通高中思想政治课课程标准实验教材编写组:《思想政治(2):政治生活》,人民教育出版社2015年版,第30页。

感与同情心。但是，仍局限于个人反映问题式的监督或"找市长"。需要改进之处，在于从个体慈善上升到共同体意识，进而形成公民主体参与公共政策制定或执行的格局。

在现实生活中，不难发现公民为保护环境等公益孤军奋战、牺牲个人权利，甚至付出了沉重的代价，从而造成了个体的悲剧性命运。命运共同体是公民个体之间情感相互联系、利益相互依存、名义休戚与共的家园。在构建公益学习共同体中促进公益，是通过公民参与实践构建出大家希望拥有的世界。在构建公益学习共同体中参与中国特色社会主义公益，不是孤立的"原子式个体"的简单相加，而是将人与人之间联结成命运攸关的总体；不单是"解决问题"，还是公民参与中华民族伟大复兴实践的和合构建。

第三节　构建公益网络社区

中国正与世界一道步入网络时代——网络技术全面渗透生产生活和网络媒体作用日益凸显的时代。在"前网络时代"，参与公益往往采取自上而下的方式。而在网络时代，公民之间的单向联系已经演变成网状联系，"差序格局"已经演变成"网络格局"。由此，公益参与形式创新势在必行。网络的开放性、隐匿性与广泛性为构建公益网络社区提供了可能性。

一、构建参与式公益的网络语义关联

网络凸显了参与主体性。网络媒体也许是宣泄的手段、虚无的反叛或变相的商品，但其批判、反讽、"去蔽"和揭示意义依然存在。甚至可以说，网络媒体往往以其自身特性颠覆自我，从而具有进步、革新的鲜明特质。正是网络才使得人作为"类"这种"天生的政治动物"获得强大技术支撑。好"网民"就是好公民，参与式公益伟力之深厚存在于中国特色社会主义网民之中。

（一）构建网络主体之间的"话语关联"

在Web3.0时代，正如全球互联网的发明者蒂姆·伯纳斯·李(Tim

Berners-Lee)所设想的,语义网(Semantic Web)的扩展使得网络中所有的信息都具有语义,可以实现机器可识别语义的数据的自动存取和利用,以便于人和计算机之间的交互与合作。语义网包含了文档或文档的一部分,描述了事物间的明显关系且包含语义信息,以"本体层"为核心构建起语义网体系结构。关联数据作为结构化数据,为语义性关联架构起网络。而语义信息的传递,也有利于信息提供者和需求者之间的高质量信息交流。在此意义上,语义网代表着互联网的发展未来。

语义网"本体"以其详细而全面的"元数据"(网页代码中所蕴含的人类看不见而计算机能读取的信息)的形式而存在。比如,英文"cousin"("堂兄弟""堂姐妹""表兄弟"或"表姐妹"),将被转化为指有着同一对祖父母或外祖父母的两个"主体"之间的家族关系。这类似于维特根斯坦提出的"语言游戏"命题,认为想象一种语言,意味着想象一种生活形式:"不要说必定存在某种共同点,否则它们就不会被叫作'游戏'了——而要睁眼看看究竟是不是存在着共同点。因为,如果你看一看这些游戏,你就不会看到所有游戏的共同点,而是看到诸多相似之处和亲缘关系,以及整整一系列的相似之处和亲缘关系。"[①]语义网的构建,在仿佛"戏说"的话语方式中,为主体之间创造出新的关联形式——即语言在网络情境以带有语义的方式被言说。

进而言之,语言不同于言语:"'语言'表述的是外在于个人的社会性存在,它作为制约人的存在的'制度'而存在,作为人的存在的'规则'而存在。在这个意义上,是'语言'占有个人,个人是历史的'结果'。'言语'表述的是历史性存在的个人的语言实践,它作为个人的物理的、生理的和心理的统一性活动而存在,作为个人活动而存在。在这个意义上,是个人占有'语言',言语是语言的现实。正是在这种语言占有个人与个人占有语言的双重化过程中,人类意识超越了它的内在性、一极性、单一性和非历史性,获得了多样性的表现形态。"[②]语言是为了对话,是要在特定情境中被言说为话语。在语义网情境下,网络语言才成为真正的"网络话语"。"沉默的大多数"不再沉

---

① 撒穆尔·伊诺克·斯通普夫、詹姆斯·菲泽:《西方哲学史》7版,丁三东、张传友、邓晓芒,等译,中华书局2005年版,第644页。

② 孙正聿:《属人的世界》,吉林人民出版社2007年版,第130—131页。

默,而是以网络生存状态并作为网络主体"共在"。

(二)构建网民之间的"意义关联"

海德格尔说,语言是存在之家。伽达默尔说:能理解的存在就是语言。然而在现当代社会,工具理性的流行造成与价值理性某种程度的背离,把多向度语言"清洗"成单向度语言。马尔库塞在《单向度的人》一书中深刻指出:"当思想不再超越一种既是纯公理的(数学和逻辑),又是与既定话语和行为领域共有的概念框架时,思想便与现实处于同一水平上。"[①]那么,如何在网络平台上构建出思想的超越性维度,从而将网络世界融贯为意义世界?

Web2.0虽然方便了用户信息检索,并有一定互动功能。但是,却无法把握语境(context)。而在Web3.0时代,在计算机关联数据语言支持下,将在人与人之间建立起意义关联。"关联数据"(linked data)概念来自"W3C"(World Wide Web Consortium,"万维网联盟"),该组织有一个关联开放数据(LOD)项目,如汤森-路透(Thomson Reuters)的Open Calais,Freebase,Dbpedia项目。这些数据集是在现有"本体"基础之上建立起WordNet,FOAF,SKOS,然后在它们之间建立起关联。如此,语义网不仅具有技术革命意义,更具有哲学层面的"本体论"(ontology)意蕴。在技术层面,"本体"成为语义网的支柱技术,也是分布式系统中形式化知识的管理工具。"本体"根据其结构特征和原理,可以提供机器可识别处理的带有语义的数据和信息源,可以在不同的代理人和软件中进行交流。计算机将使用软件代理程序来搜索及理解网页上的信息,语义网因为拥有信息集合体而大大地完善信息共享过程。在某种意义上,互联网将拥有"思考"能力,能把任务分配到成千上万台计算机上,甚至能查询深层"本体"。

在Web3.0时代,"本体"虽然以"文件"的形式存在,却以计算机语言变革的方式,从深层上揭橥出网民之间的人际关系以及角色意义,社会关系展现出意义关联之特质。在具有"本体论"功能的关联数据的支撑下,新型社会关系正在形成。正如尼古拉斯·尼葛洛庞帝(Nicholas Negroponte)在

---

① 赫伯特·马尔库塞:《单向度的人》,刘继译,上海译文出版社1989年版,第153页。

《数字化生存》(*Being Digital*)一书中早已预言的,"后信息时代"不止于"数字化生存",还有"良性关联"(good connections):"通过发掘符号的结构以及产生机理,我们将超越'比特'的浅表外观。在模块构建的深层,我们会发现影像和文本的意义——这才是数字化生活至为重要的方面。"[①]在此意义上,网民在话语沟通中不断建构具有丰富意义的日常生活世界成为可能。

(三)构建人类之间的"精神关联"

网络自身是机器的关联。因此在网络时代,人容易被网络机器所"异化":"未来人机系统是高度自动化、精确化的,但是如果人在丰富多彩而又往往模糊不清的情感世界中也自动化、精确化而缺少人情味的话,则会导致人们对现实生活中的他人及社会的幸福漠不关心。现实社会中人与人交往的丰富性,被平面化、单调化和刻板化。"[②]因此,必须从机器的语言中生成人的语言,构建出人的话语。当然,话语(discourse)与权力(power)相关,话语权关乎权力关系,但是网络话语深刻改变着传统人际关系构型。米歇尔·福柯认为,"话语不再是与事物的认识相联系的,而是与人的自由相联系的……在我们定义语法的内在法则时,我们就在语言与人的自由命运之间结成了一种深刻的同源关系"。[③]具有意义关联属性的"网络话语"不仅变换着沟通媒介,更创造出人类彼此之间的"精神关联","全球脑"概念的出现就是典型。

英国著名科幻小说家赫伯特·乔治·威尔斯(Herbert George Wells)曾提出"全球脑"概念,并预言有一天将出现全球性的百科全书,抒写着全球共享记忆,每个人都有平等的权利去阅读。在语义网络构建中,"全球脑"(global brain)、"全球网脑"(the global net brain)正在形成,人类命运前所未有地紧密联系在一起,世界渐趋联合成一"功能性整体"(a

---

① Nicholas Negroponte. *Being Digital*. New York:Random House Audio Publishing,1995,p.187.

② 郭明飞:《网络发展与我国意识形态安全》,中国社会科学出版社2009年版,第248页。

③ 米歇尔·福柯:《词与物——人文科学考古学》,莫伟民译,上海三联书店2001年版,第379—380页。

functioning whole)。生物伦理学家乔治·斯托克(Gregory Stock)在《元人》(*Meta Man*)一书中,进一步提出技术、经济层面的全球系统论;弗朗西斯·海拉恩(Francis Heylighen)通过对Principia Cybernetica在线项目的数年研究,提出"超脑"(super-brain)概念,倡导"集体智慧"(collective intelligence);美国作家霍华德·布鲁姆(Howard Bloom)通过大量著作,详尽阐述"集体智慧"与"全球脑"概念并提醒我们:"全球脑"是存在的,宇宙本身是智能的,人类认为自己在发明,事实上我们本身只是最新的技术;美国《连线》杂志前任总编凯文·凯利(Kevin Kelly)敏锐洞察到计算增长率,并提出:网络是一台有史以来最强大的机器,是全球性的,它使用了世界5%的电力,却永远不会休息,从不停止,你不能将其关闭——这可以说是人类有史以来所做的最伟大的事情。2014年11月,首届世界互联网大会在浙江开幕,即以"互联互通共享共治"为主题,体现出深刻的"全球脑"理念。

在Web3.0时代,互联网成为关乎人类命运的"全球脑":一个巨大的大脑组织,能够分析数据并根据相关信息进行创意性思考;访问互联网的媒体不再限于计算机和手机,从手表、电视机乃至于衣物,一切事物皆有可能连接至互联网;互联网与其他媒体融合,媒体之间的界限将消失;用户将与互联网保持持续不断的连接和更新,"人—网—人"将以大尺度、超速度切换……如此种种,为参与式公益及公民教育提供着时代背景和技术杠杆。

二、在构建语义关联中培育德性公民

蒂姆·伯纳斯·李指出:全球互联网与其说是一个科技的发明,不如说是一种社会的发明。同理,Web3.0时代的语义网是人类社会演进到特定历史阶段的发明。而无论是Web2.0、Web3.0还是Web4.0时代,都只不过是网络时代的标志。在此意义上,借助网络开展参与式公益及公民教育是不可阻挡的时代潮流。

(一)探求对话本体:化"主体间性"为本体论层面的共性

公民教育要促进人的全面发展,必须把握时代演进中的人际关系变革。有人认为,在"知识时代",社会意义是以信息技术为基础构建起来的技术形而上学体系,从而形成了由现代信息技术操控社会意义的"指涉场":"由于这个社会意义场的虚拟性和抽象性,使得由这种自我指涉所构建起来的社会意义成为脱离人类社会现实'文本'的抽象存在,而人作为社会交往主体成为这种虚拟、抽象的现代社会文本的词语装配者,成为社会符号运作和操作的对象。成为信息社会的客体和'他者',成为被现代社会技术操作的对象,这就是作为社会交往主体的人在信息社会里的遭遇和命运,同时也是整个社会的遭遇和命运。"①著者认为,网络是人的发明,人类终归是信息的掌控者,人才是网络时代的主体。我们非但不能被信息技术"异化",还要善加利用网络科技改善自身的命运。

我们一方面要认识到网络多主体之间的交互主体性,变"我-它"关系为"我-你"关系,更应进一步探求对话本体,化主体间性为本体共性,使之变成"我们"的关系。"我们"要进入被信息遮蔽的生活,"我们"一道展示生命,"我们"一道构建道德规范。如此,"我"和"你"没有了二重分裂,只有我们这一共同的世界。正如"信仰之海"运动精神领袖邓·库比特(Don Cupitt)所指出:"在自我中并没有所谓的内在天地,可以通过它达到什么比现世更真实的世界。共同世界就由我们的表达和我们的符号交换而生成。"②

海德格尔更从"生存论"角度阐释"此在"(dasein)到时的世界存在意义:"世界既非现成在手的也非上手的,而是在时间中到时。世界随着诸绽出样式的'出离自己'而'在此'。如果没有此在生存,也就没有世界在'此'。"③在"此"意义上,在网络世界中化育出"共同此在"(mitdasein)的"共同世界"(mitwelt),是公民教育对话的"本体"所在。

(二)寻找意义世界:化"虚拟世界"为"现实世界"

"虚拟的"是尚未"现实化"的,但"虚拟的"可能成为"现实的"。正如有

---

① 卢光明、杨树芳:《信息的意义指涉与信息社会人类的命运》,《自然辩证法研究》2007年第23卷第6期,第84—87页。

② Don Cupitt. *Solar Ethics*. Norwich:SCM Press,1995,p.9.

③ 海德格尔:《存在与时间》,陈嘉映、王庆节译,三联书店2006年版,第414—415页。

学者指出:"在这个时代发生了人的生存模式与生存理念从预成论向生成论的转变。人们的生命与发展不再仅仅由过去已经存在的一切所决定,而同时要为未来、为尚未存在的可能、为人所设定的目标与理想所引导、所规约。"①在此意义上,公民教育不仅要回归现实"生活世界",还要面向未来"可能世界"。"可能世界"就是意义丰富、五彩缤纷的现实生活世界。

网络世界是现实生活世界的折射,是为"可能世界"提供各种"可能"的平台,是搭建"意义世界"的世界。网络语言的真正力量在于,它是沟通人与世界的强有力的中介,同时是把网络世界变成人的世界的中介。虽然世界在人的意识之外而存在,然而网络世界蕴含在网络语言之中而存在。人在网络语言的表达中,表征着网络世界的存在,构造着现实生活世界,面向着可能世界。

在Web3.0时代,虚拟世界与现实世界的界限将弥合为"可能世界",互联网将发展成三维环境(Web3D),为创造"意义世界"提供广阔空间。一方面,人际关系变得更加虚拟化;另一方面,计算机术语"虚拟的"(virtual)也可译为现实生活语言"实质的","虚拟世界"将从多维度展示人的"类"本质和多"面相"。人向更加丰富的维度展开,为智慧的生成、文化的创造以及创意思维的产生提供了可能。

(三)构建命运关联:化网络"媒体"为命运"媒介"

当今时代,是"全球化"与"网络化"叠加的时代,人类在"宇宙飞船地球号"上有着共同的命运。"十八大报告"中倡导"人类命运共同体意识":"人类只有一个地球,各国共处一个世界。"习近平在首届世界互联网大会的贺词中进一步指出:"互联网真正让世界变成了地球村,让国际社会越来越成为你中有我、我中有你的命运共同体。"②

世界历史演进到Web3.0时代,在"语义网络"中结成人类命运共同体成

---

① 鲁洁:《培养有理想的人——世纪之交对德育的一点思考》,朱小蔓主编:《道德教育论丛》(第1卷),南京师范大学出版社2000年版,第4—5页。

② 《习近平致首届世界互联网大会贺词全文》,新华网,2014年11月19日,http://news.xinhuanet.com/zgjx/2014-11/19/c_133800180.htm。

为可能,"地方""民族"的命运同时成为"世界""人类"的命运,马克思所讲的"类生命"有了科学技术支撑。公民教育目标、内容以及方法,当以"人类命运共同体"为背景,探求人类存在的意义。具体到课程与教学,应发掘"社会关系的总和"的网络特质,充分运用互联网构建起相互关联的实感,在深层构建世界历史范围内的人与人之间命运之勾连。

总之,在构建语言关联中培育德性公民,就是在网络时代进展的背景下,运用人类把握世界的多种方式,师生一道构建出不断改善人类自身命运的意义世界。

三、构建参与公益网络命运共同体

随着互联网技术的出现,Howard Rheingold于1993年提出"虚拟社区"(vitual community)一词,意指互联网上出现的社会集合体。在这个集合体中,人们经常讨论共同的话题。网络已经成为人们进行自我构建和再构建的社会实验室,我们透过网络的虚拟世界进行自我塑造与自我创造。具有群体性认同的用户聚集在一起,形成大小不一、形态各异的虚拟社区。

在网络时代,网络公民积极主动地使用媒介,以个人方式或社区集体方式参与制作内容,甚至经营媒介,为弱势发声、为自己发声,增加个人、媒介组织及社区能量,并且通过反思、自觉,促进社区改变。公益的参与,也不再受地理限制,任何地方的人,通过互联网的支持,都可以参与公益。因为网民的生活方式与交往方式的多样性与差异性,导致公益参与的机遇与挑战并存。应整合网络的"正能量",化网络公共属性为公益属性,构建参与公益的虚拟社区。

案例　冰桶挑战

2014年由美国波士顿学院(BOSTON COLLEGE)前棒球选手发起的ALS冰桶挑战(Ice Bucket Challenge)风靡全球。ALS冰桶挑战赛(ALS Ice Bucket Challenge)简称冰桶挑战赛或冰桶挑战,要求参与者在网络上发布自己被冰水浇遍全身的视频内容,然后该参与者便可以要求其他人来参与这一活动。活动规定,被邀请者要么在24小时内接受挑战,要么就选择为对抗"肌肉萎缩性侧索硬化症"捐出100美元。该活动旨在让更多人知道被称为渐冻人的罕见疾病,同时也达到募款帮助治疗的目的。目前"ALS冰桶挑战赛"在全美科技界大佬、职业运动员中风靡。目前已扩散至中国,科技界大佬纷纷响应。

在2014年炎热的夏天,一桶冰水当头浇下,微软的比尔·盖茨、Facebook的扎克伯格跟桑德博格、亚马逊的贝索斯、苹果的库克全都不惜湿身入镜,这些硅谷的科技人,飞蛾扑火似的牺牲演出,其实全是为了慈善。纳德拉是被前美国职业橄榄球联盟(NFL)球员史蒂夫·格里森(Steve Gleason)在Twitter上"点名"参加这一挑战的。而在纳德拉完成了这一挑战后,他也选择继续将这一传统延续下去,并在Twitter上点名亚马逊CEO杰夫·贝索斯(Jeff Bezos)和谷歌(微博)联合创始人拉里·佩奇(Larry Page)参与这一活动。美国总统奥巴马宣布自己选择捐款而不是继续传递,遭到批评。

冰桶挑战赛活动蔓延至中国互联网圈,多名科技界大佬被点名参与了这一活动。小米董事长雷军8月18日下午通过微博表示,已经接受DST老板Yuri对他的挑战,并将于今天完成冰桶挑战。一加手机创始人刘作虎率先完成冰桶挑战,并自称是中国互联网第一位完成此挑战的人,同时他点名奇虎360CEO周鸿祎、锤子科技CEO罗永浩、华为荣耀业务部总裁刘江峰参与该挑战……

据民政部新闻办官方微博消息,"冰桶挑战"活动以轻松有趣的方式宣传关爱罕见病患者的理念和相关的医疗知识,带动了社会各界许多有影响力的人士参与,起到了很好的效果。但是,随着社会关注度的提高,建议活动的组织者更加注重活动的实效,避免娱乐化、商业化的倾向。①

有批评者指出,这个极受欢迎活动的背后并不完全是利他主义。因为多数人决定把冰水倒到自己头上,而不是捐款到ALS协会。但这些湿淋淋的参与民众仍然看起来像个英雄,因为毕竟他们是为了慈善目的而把自己搞得这么狼狈。如此公益,变成了我捐故我秀。

"冰桶挑战"是一项于社交网络上发起的筹款活动,网络用户从围观到参与的过程,体现出传播媒介在参与构建虚拟社区中的功能。由此可见,社

---

① 根据网络文献综合整理。

区媒介以及新技术背景下的参与式媒介,不只是进行资讯传递,还是参与式公益的实践场域,也是开展公民教育的重要的政治资源和文化资源。

总之,参与式公益的教育策略,是将"公益服务项目""志愿者计划"以及"暑期实践活动"等工程纳入整个学校课程体系规划,使服务者和服务对象共同实现公益的课程与教学目标。可以充分运用网络互动平台,构建学校主导、学生主体、政府支撑的网络协商机制,破解现实问题,开展"微公益",可以利用QQ、微信等网络即时通信工具开展"网络虚拟聚会",打破原有空间和时间的限制,扩大参与面、交往面;可以通过"校企合作""政府—社群—公民"多方联动等途径,鼓励大家通过博客、播客以及网络学习平台等方式,营造良好的民主协商环境;等等。

结 语
通过参与式公益培育中国特色社会主义新时代公民

参与式公益与现代公民教育相辅相成:公益表达出公民教育的旨归,拥有参与式公益理念以及通过参与式公益实践,有助于培养具有公共品性的公民。

一、要扬弃西方公民教育

经济全球化以及伴随而来的新自由主义社会思潮,使公民内涵变得"单薄"。所谓"合格公民",就是能够促进本国和世界经济发展的"生产性公民"。此种公民消弭了各民族国家的公民特质,弱化了"老弱病残"等弱势群体的公民资质,故被称为"单向度公民"。由于新自由主义的全球蔓延,加剧了个体之间以及国家之间的贫富差距,又出现了新保守主义思潮。如果说新自由主义式的公民教育思潮强调个体经济利益至上,那么新保守主义式的公民教育思潮则强调国家生存发展优先。然而,如何平衡爱国主义与国际主义之间的关系? 在民族国家存在的情况下,成为全球公民是否可能? 如何实现国家公民与国际公民(世界公民)的统一? 这种"国际公民"("世界公民"),一方面能够促进国内社会稳定与团结,另一方面又能够理解和承认世界文明的多样性。一言以蔽之,具有"求同存异"的特点,"存异"的同时又能"求同"。

综合国外公民教育新理念可以发现,公民教育是带着地方性走向全球化的人们的连续不断的主动选择,是伴随着超越国界的社会历史领域的融合,是对新自由主义话语霸权的批判反思。而如何从知识消费的商品化思维,到世界公民品性的养成,如何从极端民族主义到构建人类命运共同体,是值得进一步研究的重要课题。

当今时代,全球化趋势与"单边主义"并存,全球社会依然是"想象的共同体"。多民族国家之间,公民要结成"人类命运共同体",就必须有可通约性的基本素养,或可谓之"全球公民素养"。全球公民素养可以定义为:在一个复杂的全球社会中,能够为营造良好的共同生活环境而具备的价值观体系或制度化实践。"人类命运共同体"型的公民素养,有赖于能够在国家层面设计、表达和阐释他们的成员资格(citizenship),通过个体性的或群体性的参与结成公民共同体,从而具有参与公益的视角、理念、实践并可程序化。

二、要开展中国特色社会主义公民教育

德国哲学家、教育学家施莱尔马赫认为,在一个共同体中,总是生活着年老一代和年轻一代,年老一代总是要死去,年轻一代要取而代之。教育是为共同体提供其"作品"。在现代社会,教育不再只是复制社会,同时还要改变社会。因此,教育理论不能再建立在年老一代对于年轻一代的未来确定性的认识上,他们不能代替年轻一代回答什么应该传承。相反,年轻一代应该积极参与这个过程,与年老一代共同探讨代际间的问题:什么应该传承?什么应该改变? 对教育来说,重要的是把学生引入传承和改善的辩证之中,使其有能力对改善进行讨论,有能力逐步参与这种改变。具体到公民教育来说,"教育的批判不能引起社会动荡,但其保守亦不至于屈从现实;没有保守的批判是危险的,没有批判的保守是愚蠢的——其关键在于走向批判和保守的辩证"。[①]

公民教育与参与式公益有着内生关系,公民教育内在蕴含着公民参与

---

① 彭正梅:《迈向批判与保守的辩证:德国公民教育的理论考察》,《全球教育展望》2012年第12期,第49—55页。

社会(团体)共同事务的理念。学会参与公益有助于学生发挥主体性、主动性,从而作为未来公民参与中国特色社会主义事业建设。

中国传统的封建宗法社会中只有"臣民""草民",没有公民。中华人民共和国成立后,高度划一的计划经济体制,在某种程度上压抑了个人的主体性和个性。20世纪90年代以来,伴随社会主义市场经济的实施,这种情况得以改变。因为市场经济是体现个人主体性的自主经济、等价交换的平等经济、开放的竞争经济。市场经济对人的要求是独立、平等和开放,不是计划经济体制下的服从、听话与封闭。我国实行市场经济,在提升公民主体意识的同时,也出现了"精致的利己主义者"和"孤独的公民",他们把个人的权利视为唯一,对他人疏离、排斥,导致了人际关系的疏远,人与人之间的信任危机、道德冷漠的产生和社会责任感的消失。当代中国虽然没有自由主义的传统,但市场经济已催生了个人的自由主义,由此也带来了与西方自由主义公民同样的危机。因此,中国特色社会主义公民教育,一方面需要培植个人的主体性,赋予个人权利;另一方面,也需要以公共价值、公共精神引导公民个人的健康成长,使个人在公共参与中成为一个负责任的社会公民。

三、要培育学会参与公益的中国特色社会主义公民

参与公益是培养负责任的积极公民的方法。它旨在培育积极公民的公共性,包括公共精神、公共道德、公共理性、公共参与能力等。

第一,在参与公益中培育公民的公共精神。公民区别于私民,就在于公民具有公共精神。所谓公共精神,是指公民对待公共事务、公共生活的行为态度和思想境界,它是公民的公共责任意识在行为和性格上的体现。公共精神超越了个人的狭隘利益,而致力于公共福祉、公共利益。当代自由主义公民的危机就是因为缺少公共精神,出现了"公民唯私综合征"。所以,矫正自由主义公民的危机,必须重塑公民的公共精神。公共精神形成于公共生活中。参与式公民教育就是要鼓励和推动公民积极参与公共生活实践,在公共生活中确立公共理念,强化公民责任感。

第二,在参与公益中培育公民的公共道德。公共道德,即公德,它区别于私德。私德是个人品德、作风、习惯以及个人私生活中的道德;公德是公

共生活的道德,不仅包括社会公德,还包括一个国家、一个民族,甚至一个群体所提倡的道德。公德是公民道德的基本要求,也是维护社会共同利益的基本道德要求。梁启超在《新民说》中指出"公德者何?人群之所以为群,国家之所以为国,赖此德焉以成立者也"①,然"我国民所最缺者,公德其一端也"。所以,必须加强公民道德教育,其重要任务就是通过培养公民(学生)学会参与公益培育公共道德。

第三,在参与公益中培育公民的公共理性。理性是一种理智能力、道德能力以及行为方式。一个人的行为,必须基于理性,但不同的生活需要不同的理性。公民的公共生活需要的就是一种公共理性。公共理性是公民的理性,是那些共享平等公民身份的人的理性。公共理性之所以是公共的,是因为它的目标是公共的善,它的本性和内容是公共的。公共理性是对民主社会公民的要求,因为民主社会是多元一体的社会,公民要在多元的状态下形成一体关系,必须诉诸公民间的对话、协商而达成"重叠共识",形成公共理性。因此,在课堂教学中,可以开展以公共话语为核心的合作学习与辩论。

第四,在参与公益中培育公民的公共参与能力。公共参与能力是公民在公共生活中平等交往和处理公共事务的能力。公民的公共生活是多元利益主体间的协调和平衡,所以,公民必须在公共生活中学会合作与交流、沟通与协调、协商与妥协,能够理性表达自己的意见,与他人进行交流并理性地解决冲突。这些都需要公民在公共参与中形成与发展。学生不仅可以在学校,还可以在邻里、教会、社区以及社会其他群体和场所中学会成为负责任的公民。正如有学者指出,学生在社区和社会,是作为公民参与社区和社会生活,这种参与从性质上说包括政治参与和社会参与。"政治参与主要是公民参与政治生活,履行公民的政治权利,包括参与政治选举,参与政治决策、政治管理和被管理;社会参与是公民的社会生活,主要指公民参与社区公民自治活动,参与社会的非政府组织或民间社团活动"。②

综上,中国特色社会主义公民教育视域下的参与式公益,是通过参与公

---

① 梁启超:《新民说》,商务印书馆2016年版,第19页。
② 冯建军:《基于积极公民培养的参与式公民教育》,《中国教育学刊》2016年第2期,第80—84页。

益的交往实践活动（如与政府、企业、公民团体、网络虚拟社区打交道），与学生一道以积极主动的姿态投入各个层面的公共生活之中（如人民调解、民间救助、慈善事业以及志愿活动等），从而培育公民知识、公民技能、涵育公民情感态度价值观，帮助当代学生成长为能够参与实现中华民族伟大复兴中国梦的中国特色社会主义公民。参与式公益网状图如下。

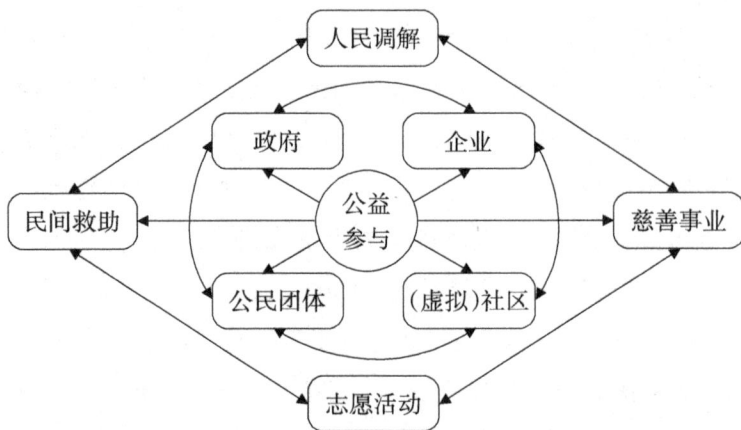

参与式公益网状图

参考文献

A. 麦金太尔,1995. 德性之后[M]. 龚群,译. 北京:中国社会科学出版社.

陈效飞,傅敏,2013. "良好的公民是通过教育塑造的"——新西兰公民教育课程的历史发展及启示[J]. 外国教育研究(9).

陈卓,2016. 新加坡"品格与公民教育"中家庭教育环节的特点研究[J]. 比较教育研究(9).

大卫·威尔顿,2004. 美国中小学社会课教学策略[M]. 吴玉军,等,译. 北京:华夏出版社.

丹瑞欧·康波斯塔,2005. 道德哲学与社会伦理[M]. 李磊,刘玮,译. 哈尔滨:黑龙江人民出版社.

单玉,2004. "服务学习"与负责公民的生成[J]. 外国中小学教育(3).

杜威,1991. 我们怎样思维·经验和教育[M]. 姜文闵,译. 北京:人民教育出版社.

杜威,2005. 学校与社会·明日之学校[M]. 赵祥麟,任钟印,吴志宏,译. 北京:人民教育出版社.

樊浩,2013. 伦理,如何与我们同在?[J]. 天津社会科学(5).

斐迪南·滕尼斯,1999. 共同体与社会:纯粹社会学的基本概念[M]. 林荣远,译. 北京:商务印书馆.

冯建军,2007. 社群主义的教育公正观[J]. 外国教育研究(6).

冯建军,2013. 西方公民教育思想的论争与弥合[J]. 教育科学研究(9).

冯建军,2016. 基于积极公民培养的参与式公民教育[J]. 中国教育学刊(2).

高峰,2005. 法国学校公民浅析[J]. 首都师范大学学报(2).

苟欢,2018. 论现代社区治理中的民主追求、悖论与进路——兼评理查德·C.博克斯的"公民治理"理论[J]. 甘肃行政学院学报(3).

黑格尔,1979. 精神现象学[M]. 贺麟,王玖兴,译. 北京:商务印书馆.

黑格尔,1996. 法哲学原理[M]. 张企泰,范扬,译. 北京:商务印书馆.

侯丹娟,陈文旭,2014. 当代东欧中小学公民教育及其特点[J]. 教学与管理(2).

杰弗里·亚历山大,邓正来,2006. 国家与市民社会——一种社会理论的研究路径(增订版)[M]. 上海:上海人民出版社.

蓝顺德,1986. 公民教育的内涵[M]. 中国高雄:复文图书出版社.

乐先莲,2014. 英国公民资格观及其在公民教育中的实践[J]. 比较教育研究(10).

雷蕾,2015. 俄罗斯现代德育体系的三重向度[J]. 比较教育研究(5).

刘军宁,1998. 自由与社群[M]. 北京:生活·读书·新知三联书店.

卢梭,2005. 社会契约论[M]. 何兆武,译. 北京:商务印书馆.

罗杰·霍尔兹沃思,2001. 为青年创造有真正价值的学校[J]. 教育展望(3).

罗纳德·德沃金,2008. 至上的美德[M]. 冯克利,译. 南京:江苏人民出版社.

苗力田,1994. 亚里士多德全集[M]. 北京:中国人民大学出版社.

迈克尔·桑德尔,2008. 民主的不满:美国在寻求一种公共哲学[M]. 曾纪茂,译. 南京:江苏人民出版社.

彭正梅,2012. 迈向批判与保守的辩证:德国公民教育的理论考察[J]. 全球教育展望(12).

钱宁,2006. "共同善"与分配正义论——社群主义的社会福利思想及其对社会政策研究的启示[J]. 学海(6).

强东红,2018. 命运共同体的现实基础及其美学意义[J]. 西南民族大学学报(人文社科版)(11).

萨维奇,阿姆斯特朗,2003. 小学社会课的有效教学[M]. 廖珊,罗静,等,译.
北京:中国轻工业出版社.

孙梓毓,2013. 德国的公民教育及对我国的启示[J]. 成功(教育)(4).

台湾师范教育学会,1992. 各国中小学课程比较研究[M]. 中国台北:台北师
大书苑公司.

唐克军,2008. 比较公民教育[M]. 北京:中国社会科学出版社.

涂尔干,2006. 职业伦理与公民道德[M]. 渠东,付德根,译. 上海:上海人民
出版社.

托克维尔,2011. 论美国的民主[M]. 张杨,译. 长沙:湖南文艺出版社.

王沪宁,1991. 美国反对美国[M]. 上海:上海文艺出版社.

王文岚,2004. 社会科课程中的公民教育研究[D]. 兰州:西北师范大学.

王小飞,2015. 比较公民教育:范型与变革[M]. 广州:广东教育出版社.

王小飞,2015. 试论公民身份教育的实践模式——基于六国培养体系的比较
研究[J]. 教育研究(10).

王晓朝,2012. 公益理念的跨文化探究[J]. 道德与文明(5).

王晓辉,2008. 为了社会和谐:法国教育的若干政策取向[J]. 比较教育研
究(4).

沃尔特·C. 帕克,2006. 美国小学社会与公民教育(第十二版)[M]. 谢竹艳,
译. 南京:江苏教育出版社.

吴井娴,2016. 通过对话来学习:佐藤学的学习共同体述评[J]. 上海教育科
研(1).

习近平,2017. 决胜全面建成小康社会 夺取新时代中国特色社会主义伟大
胜利——在中国共产党第十九次全国代表大会上的报告[M]. 北京:人民出
版社.

杨光斌,2009. 公民参与和当下中国的治道变革[J]. 社会科学研究(1).

尤尔根·哈贝马斯,2004. 交往行为理论[M]. 曹卫东,译. 上海:上海人民出
版社.

尤杉莉,2007. "与人为善"教学设计[J]. 思想政治课教学(2).

于希勇,2008. 美国社会科公益教育研究[D]. 上海:华东师范大学.

于希勇,2008. 在协商中实现公益——美国公益教育的启示[J]. 比较教育研究(11).

于希勇,2013. 构建社群事业共同体——浙江省社会管理经验的理论审视[J]. 领导科学(1).

于希勇,2013. 美国公民参与的文化语式研究[J]. 未来与发展(5).

于希勇,2014. 马克思主义伦理学的实践特性[J]. 理论探索(5).

于希勇,2014. 在参与社群中养成公民资质——美国学校公民参与社会管理研究与借鉴[J]. 比较教育研究(6).

于希勇,2015. 在建构语义关联中育德[J]. 理论探讨(4).

于希勇,2016. 马克思主义伦理学的方法之维[J]. 马克思主义理论学科研究(2).

于希勇,2018. 美国公民教育的理论困境与实践局限[J]. 比较教育研究(12).

于希勇,2017. 美国公益教育及其启示[J]. 上海课程教学研究(12).

于希勇,2017. 在实践理性养成中培育公正品性——美国公民教育课程的启示[J]. 浙江教育科学(1).

于希勇,沈晓敏,2008. 在学会妥协中实现和谐——来自美国公民教育的启示[J]. 上海教育科研(4).

俞可平,2006. 民主是个好东西[M]. 北京:社会科学文献出版社.

俞可平,2015. 论国家治理现代化(修订版)[M]. 北京:社会科学文献出版社.

玉苗,2014. 从传统慈善到现代公益[J]. 广西社会主义学院学报(8).

约翰·杜威,2001. 民主主义与教育[M]. 王承绪,译. 北京:人民教育出版社.

约翰·罗尔斯,2003. 道德哲学史讲义[M]. 张国清,译. 上海:上海三联书店.

约翰·罗尔斯,2009. 正义论[M]. 何怀宏,何包钢,廖申白,译. 北京:中国社会科学出版社.

张彦,2010. 公益伦理与价值排序——评《当代中国公益伦理》[J]. 道德与文明(6).

张展,2017. 法国是如何进行公民教育的[J]. 人民论坛(18).

赵明辉,杨秀莲,2018. 法国义务教育新道德与公民教育课程:内容、特点及启示[J]. 外国中小学教育(4).

赵诗,2016.《墨尔本宣言》以后澳大利亚公民学与公民资格教育研究[D]. 北京:中国地质大学.

中共中央编译局,2002. 马克思恩格斯全集(第3卷)[M]. 北京:人民出版社.

中共中央编译局,2009. 马克思恩格斯文集[M]. 北京:人民出版社.

中央党校采访实录编辑室,2017. 习近平的七年知青岁月[M]. 北京:中共中央党校出版社.

中野敏男,1999. 志愿者动员型市民社会论的陷阱[J]. 现代思想(5).

钟启泉,2003. 现代课程论[M]. 上海:上海教育出版社.

朱小蔓,2000. 道德教育论丛(第1卷)[M]. 南京:南京师范大学出版社.

左永仁,朱龙英,张齐安,2007. 法国、德国的救助管理工作[J]. 社会福利(11).

ADLER S,2004. Critical issues in social studies[M]. Charlotte, North Carolina:Information age publishing inc.

ALEXANDER J C,COLOMY P,1988. Differentiation theory and social change[M]. New York:Columbia University Press.

AMERICAN CIVIL LIBERTIES UNION,2003. Freedom under fire:dissent in post-9/11 America[R]. New York:American Civil Liberties Union.

ARTHUR J,2001. Daniel Wright. Teaching citizenship in the secondary school[M]. London:David Fulton Publishers.

BARBER B,1984. Strong democracy:participatory politics for a new age[M]. Berkeley:University of California.

BATTISTONI R,1997. Service-learning and democratic citizenship[J]. Theory Into Practice,36(3).

BOYLE-BAISE M,GRANT C A,2004. Citizen community participation in education [C]//ADLER S. Critical issues in social studies teacher education. Charlotte:Information Age Publishing.

CENTER FOR CIVIC EDUCATION,1994. National standards for civics and government[M].Los Angeles:Center for Civic Education.

CUPITT D,1995.Solar ethics[M].Norwich:SCM Press.

DAHL R,1989.Democracy and its critics[M].New Haven:Yale University.

DEMOCRACY B S,1984.Participatory politics for a new age[M]. Berkeley:University of California Press.

FREEMAN S,2007.Lectures on the history of political philosophy [M].Cambridge,Massachusetts:Harvard University Press.

GEUSS R,2003.Public goods,private goods[M].Princeton:Princeton University Press.

HEBACH J A,SHEFFIELD E C,2014.Creating citizens in a capitalistic democracy [M]//PETROVIC J E, KUNTZ A M. Citizenship education around the world .New York:Routledge.

HERBST S, 1994. Politics at the margin: historical studies of public exion outside the mainstream [M]. New York: Cambridge University.

HOUGHTON MIFFLIN SOCIAL STUDIES, 1997. From sea to shining sea (teacher's edition)[M].Boston:Houghton Mifflin co.

HOUGHTON MIFFLIN SOCIAL STUDIES,1997. I know a place(teacher's edition)[M].New York:The McGraw-Hill Companies,inc.

HOUGHTON MIFFLIN SOCIAL STUDIES,2001.People together(adventures in Time & Place)[M].New York:The McGraw-Hill Companies,inc.

INDEPENDENT LENS. Precious knowledge[EB/OL]. (2003-1-1)[2018-10-15]. http://www.pbs.org/independentlens/precious-knowledge/film. html.

KERWICK J, 2013. The neoconservative conundrum[J]. Modern age, Winter/Spring(9).

KYMLICKA W,2002. Contemporary political philosophy[M].New York: Oxford University Press.

LOWI T J,GINSVERG B,SHEPSLE K A,2008.American government[M].New

York:Norton&Company.

MCCARTNEY A R M, 2013. Teaching civic engagement: debates, definitions,benefits and challenges[M]//MCCARTNEY A R M.BENNION E A,SIMPSON D. Teaching civic engagement:from student to active citizen.Washington,DC:American Political Science Association.

MILLER D,2000. Citizenship and nationality identity[M].Cambridge, Massachusetts:Polity Press.

MINISTRY OF EDUCATION, 2008. Combined humanities GCE ordinary level examination syllabuses [M].Singapore:Ministry of Education.

NATIONAL COUNCIL FOR THE SOCIAL STUDIES, 1994. Expectations of excellence:curriculum standards for social studies[M].Maryland: NCSS.

OBAMA B.A better bargain for the middle class[EB/OL]. (2013-7-27) [2018-10-15].http://www.whitehouse.gov/a-better-bargain.

PARRY G,1999.Constructive and reconstructive political education [J].Oxford Review of Education1,2(3,6).

PETROVIC J E,KUNTZ A M,2014.Citizenship education around the world[M].New York:Routledge.

ROSS E W,KEVIN D,2014.Dangerous Citizenship(4th ed)[C]//Ross E W.The social studies curriculum:purposes,problems,and possibilities. New York:State University of New York.

ROSS E W,2004.Negotiating the politics of citizenship education [J].Political Science and Politics,37(2).

ROSS E W,KEVIN D,2014. Vinson.Dangerous citizenship[M]//ROSS E W.The social studies curriculum:purposes,problems,and possibilities. New York:State University of New York.

RWALS J,1999.A Theory of justice(revised edition)[M].Cambridge, Massachusetts:The Belknap Press of Harvard University Press.

SCHUCK P H,2008.Citizenship and nationality policy[M].Cambridge,

Massachusetts:The New Americans.

TAYLOR C, 2003. Cross-purpose: the liberal-communitarian debate [C]//MATRAVERS D, PIKE J. Debates in contemporary political philosophy:an anthology. New York:Routledge in Association with the Open Univertity.

WESTHEIMER J,KAHNE J,2004. Educating the'good' citizen:political choices and pedagogical goals[J]. Political Science and Politics, 37(2).

WESTHEIMER J,2004. Introduction-the politics of civic education [J]. Political Science and Politics,2(4).

附　录
作者发表的重要论文与本书的关联章节

1. 于希勇：《构建社群事业共同体——浙江省社会管理经验的理论审视》，发表于《领导科学》（核心期刊）2013年第11期，第15—17页。（关联本书第二章）

2. 于希勇、沈晓敏：《在学会妥协中实现和谐——来自美国公民教育的启示》，发表于《上海教育科研》2008年第4期，第71—72页。（关联本书第三章，等）

3. 于希勇：《美国公益教育及其启示》，发表于《上海课程教学研究》2017年第12期，第9—13页。（关联本书第三章第二节）

4. 于希勇：《在实践理性养成中培育公正品性——美国公民教育课程的启示》，发表在《浙江教育科学》2017年第1期，第21—24页。（关联本书第三章，等）

5. 于希勇：《在协商中实现公益——美国公益教育的启示》，发表于《比较教育研究》（一级核心期刊、C刊）2008年第11期，第47—50页。（关联本书第四章第一节）

6. 于希勇：《美国公民参与的文化语式研究》，发表于《未来与发展》（核心期刊），2013年第5期，第52—55页。（关联本书第五章第一节）

7. 于希勇：《马克思恩格斯伦理思想的方法之维》，发表于《马克思主义

理论学科研究》(C刊)2016年第2期,第176—181页。(关联本书第六章第一节)

8. 于希勇:《在参与社群中养成公民资质——美国学校公民参与社会管理研究与借鉴》,发表于《比较教育研究》(一级核心期刊,C刊)2014年第6期,第58—62页。(关联本书第六章第二节)

9. 于希勇:《马克思主义伦理学的实践特性》,发表于《理论探索》(C刊)2014年第5期,第33—37页。(关联本书第七章第一节)

10. 于希勇:《在建构语义关联中育德》,发表于《理论探讨》(C刊)2015年第4期,第166—170页。(特级期刊《中国社会科学文摘》2015年第12期转载)。(关联本书第八章第三节)

11. 于希勇:《美国公民教育的理论困境与实践局限》,发表于《比较教育研究》(一级核心期刊、C刊)2018年第12期,第37—44页。(关联本书第五章第二节、第三节)

后 记

本书是教育部人文社会科学研究青年基金项目"比较公民教育视域下的参与式公益研究"(16YJC710048)的课题成果,同时体现出中国博士后科学基金面上资助项目"中国特色社会主义参与式公益研究"(2016M592010)的研究成果。

接到课题研究任务,虽有前期理论积累与实践经验的自信,但由于所涉及的资料较多,难免有未及梳理之处;更因兼跨马克思主义与教育学等学科,有力所不逮之处。尽管如此,依然最大可能穷尽所有研究资料,并结合当下实践进行了深入思考。

在书稿成型的过程中,与浙江工商大学出版社领导和编辑老师多次进行了沟通,在此表示衷心的感谢。

于希勇

2018年11月于杭州